Descobrir Jogos Online Grátis

Disponível Aqui:

BestActivityBooks.com/FREEGAMES

5 DICAS PARA COMEÇAR

1) CÓMO RESOLVER LAS SOPA DE LETRAS

Os puzzles têm um formato clássico:

- As palavras estão escondidas sem espaços ou hífenes,...
- Orientação: As palavras podem ser escritas para a frente, para trás, para cima, para baixo ou na diagonal (podem ser invertidas).
- As palavras podem sobrepor-se ou intersectar-se.

2) APRENDIZAGEM ACTIVA

Ao lado de cada palavra há um espaço para anotar a tradução. Para encorajar a aprendizagem activa, um **DICIONÁRIO** no final desta edição permitir-lhe-á verificar e expandir os seus conhecimentos. Procure e anote as traduções, encontre-as no puzzle e adicione-as ao seu vocabulário!

3) MARCAR AS PALAVRAS

Pode inventar o seu próprio sistema de marcação - talvez já use um? Pode também, por exemplo, marcar palavras difíceis de encontrar com uma cruz, palavras favoritas com uma estrela, palavras novas com um triângulo, palavras raras com um diamante, e assim por diante.

4) ESTRUTURANDO A APRENDIZAGEM

Esta edição oferece um **CADERNO DE NOTAS** prático no final do livro. Nas férias, em viagem ou em casa, pode facilmente organizar os seus novos conhecimentos sem a necessidade de um segundo caderno!

5) JÁ TERMINOU TODAS AS GRELHAS?

Nas últimas páginas deste livro, na secção **DESAFIO FINAL**, encontrará um jogo gratuito!

Rápido e fácil! Consulte a nossa colecção de livros de actividades para o seu próximo momento de diversão e **aprendizagem**, a apenas um clique de distância!

Encontre o seu próximo desafio em:

BestActivityBooks.com/MeuProximoLivro

Aos vossos lugares, preparem-se...Vão!

Sabia que existem cerca de 7.000 línguas diferentes no mundo? As palavras são preciosas.

Adoramos línguas e temos trabalhado arduamente para criar livros da mais alta qualidade para si. Os nossos ingredientes?

Uma selecção de tópicos adequados à aprendizagem, três boas porções de entretenimento, e depois acrescentamos uma colherada de palavras difíceis e uma pitada de palavras raras. Servimo-los com amor e máximo divertimento, para que possa resolver os melhores jogos de palavras e se divirta a aprender!

A sua opinião é essencial. Pode participar activamente no sucesso deste livro, deixando-nos um comentário. Gostaríamos de saber o que mais lhe agradou nesta edição.

Aqui está um link rápido para a sua página de encomendas:

BestBooksActivity.com/Avaliacoes50

Obrigado pela vossa ajuda e divirtam-se!

1 - Dirigindo

भ	ट	ई	आ	ठ	र	म	स	य	ऊ	ष	इ	ढ	ग
उ	त	व	◌ं	त	ठ	◌ो	ड	◌ा	ढ	व	ल	उ	◌ै
भ	ढ	ण	फ	ध	ड	ट	◌़	त	व	ए	य	ध	र
ढ	उ	ञ	आ	ण	न	र	क	◌ा	र	ध	ल	छ	◌े
श	ष	छ	घ	ल	क	व	छ	य	ह	म	◌ा	श	ज
न	म	ठ	प	व	◌्	च	छ	◌ा	श	◌ो	इ	न	ट
द	र	ब	◌ु	ग	श	श	ब	त	ड	ट	स	च	◌ी
प	◌ै	द	ल	य	◌ा	त	◌्	र	◌ी	र	◌े	ख	प
ग	र	स	◌ि	ब	त	श	र	त	इ	स	◌ं	त	र
ग	ल	ऊ	स	ग	◌ै	स	◌े	आ	उ	◌ा	स	र	◌ि
ट	छ	◌ी	ण	थ	ध	म	क	च	ट	इ	◌ु	◌ा	व
स	◌ु	र	क	◌्	ष	◌ा	फ	ट	म	क	र	घ	ह
द	◌ु	र	◌्	घ	ट	न	◌ा	ड	स	◌ि	◌ं	म	न
य	ख	छ	म	छ	ञ	ढ	ल	स	द	ल	ग	आ	य

दुर्घटना
कार
ईंधन
सावधानी
सड़क
ब्रेक
गैरेज
गैस
लाइसेंस
नक्शा
मोटरसाइकिल
मोटर
पैदल यात्री
खतरा
पुलिस
गली
सुरक्षा
परिवहन
यातायात
सुरंग

2 - Atividades

फ	आ	ध	म	ण	द	उ	ऊ	अ	ण	ण	ध	श	ट
ष	ध	स	ब	ज	त	य	भ	व	न	प	ह	◌ि	त
घ	प	उ	म	◌ा	द	थ	त	क	ढ	फ	ध	क	इ
फ	आ	न	◌ं	द	ग	थ	छ	◌ा	उ	ह	च	◌ा	स
◌ो	श	ड	ध	◌ू	ग	व	र	श	फ	◌ि	थ	र	म
ट	च	◌ि	त	◌्	र	क	◌ा	र	◌ी	त	ड	क	छ
◌ो	स	ण	व	भ	प	ढ	◌़	न	◌ा	◌ो	ठ	र	ल
ग	त	◌ि	व	◌ि	ध	◌ि	छ	छ	◌ी	◌ं	क	न	◌ी
◌्	ऊ	भ	◌ि	ह	क	◌ौ	श	ल	ख	ण	ल	◌ा	प
र	उ	फ	श	ब	ग	घ	◌ि	ए	ड	◌े	◌ा	ल	क
◌ा	ग	ढ	◌्	घ	इ	ए	ल	ण	उ	ख	ल	ध	ड
फ	म	द	र	थ	म	ब	◌्	आ	ढ	ष	भ	च	◌़
◌ौ	ष	र	◌ा	इ	उ	ध	प	ठ	ऊ	ह	ध	ठ	न
ड	म	ध	म	ग	प	थ	ब	भ	ध	ड	ग	र	◌े

कला
शिल्प
गतिविधि
शिकार करना
फोटोग्राफी
कौशल
हितों
बागवानी
खेल
अवकाश
पढ़ना
जादू
मछली पकड़ने
चित्रकारी
आनंद
विश्राम

3 - Churrascos

प	र	◌ि	व	◌ा	र	च	◌ि	क	न	घ	म	स	ष
ब	फ	ऊ	ड	ठ	ट	म	◌ा	ट	र	च	ड	◌ं	द
र	◌ा	त	क	◌ा	ख	◌ा	न	◌ा	त	न	न	ग	न
स	ल	◌ा	द	त	ञ	त	ठ	थ	ह	ए	ध	◌ी	म
म	द	◌ो	प	ह	र	क	◌ा	भ	◌ो	ज	न	त	ष
य	◌ि	द	च	ऊ	ध	द	ख	ठ	ग	न	म	ह	न
त	स	र	ग	ट	थ	इ	ष	स	ऊ	ण	क	ध	प
ग	ब	फ	◌्	ष	न	न	◌ि	म	◌ं	त	◌्	र	ण
र	◌्	ब	ल	च	ट	◌ी	न	ऊ	न	ग	भ	फ	उ
म	ज	च	प	ए	ल	ब	ष	ग	◌्	र	◌ि	ल	र
ख	◌ि	◌्	र	ण	उ	स	स	त	ञ	◌्	स	ग	ग
ऊ	य	च	ड	र	ड	थ	ऊ	ट	ल	म	प	स	ल
उ	◌ा	◌े	ड	म	ढ	म	म	ठ	ढ	◌ी	त	फ	म
ष	◌ं	च	आ	ठ	भ	◌ू	ख	◌े	ल	च	◌ा	क	◌ू

दोपहर का भोजन
निमंत्रण
बच्चे
चाकू
परिवार
भूख
चिकन
फल
ग्रिल
रात का खाना

खेल
सब्जियां
चटनी
संगीत
मिर्च
गरम
नमक
सलाद
टमाटर
गर्मी

4 - Pesca

अ	त	◌ि	श	य	◌ो	क	◌्	त	◌ि	त	ञ	ध	स
ढ	ल	ष	ष	त	च	न	ट	ल	ठ	ढ	◌ा	◌ै	म
प	उ	ल	त	द	◌ा	भ	द	द	घ	य	ड	र	◌ु
◌ं	ऋ	त	◌ु	उ	र	स	उ	◌ी	त	ञ	ल	◌्	द
ख	ग	भ	य	ञ	◌ा	फ	प	ब	आ	व	छ	य	◌्
प	◌ा	न	◌ी	त	ट	◌ो	क	र	◌ी	ध	ब	य	र
व	ज	न	ड	झ	◌ी	ल	र	ण	आ	उ	ध	प	त
ढ	ध	ब	व	ऊ	स	ग	ण	फ	न	ठ	ध	प	ट
स	द	घ	ड	ऊ	ढ	◌ि	ग	उ	◌ा	ऊ	स	श	ढ
प	त	ढ	ण	◌़	ग	ल	छ	ट	व	ड	इ	ढ	ह
ग	फ	स	श	व	◌ा	◌्	ऊ	घ	उ	य	उ	य	न
स	◌ा	ग	र	छ	र	स	◌ो	इ	य	◌ा	थ	न	र
ठ	प	य	भ	ए	य	ब	ग	आ	ब	ट	ऊ	च	च
उ	छ	ष	ध	ब	च	म	ह	◌ु	क	म	ए	ण	ध

पानी
पंख
नाव
गिल्स
टोकरी
रसोइया
उपकरण
अतिशयोक्ति
तार
हुक
चारा
झील
जबड़ा
सागर
धैर्य
वजन
समुद्र तट
नदी
ऋतु

5 - Geologia

प	ठ	◌ा	र	क	ड	प	ज	ड	ह	श	ए	ए	भ
त	द	ण	य	◌ै	ट	म	ढ	◌ो	ण	द	स	ञ	◌ू
◌्	उ	ख	ल	ल	म	इ	ध	य	व	ह	◌ि	आ	क
थ	थ	ल	च	◌्	म	◌ू	◌ं	ग	◌ा	◌ा	ड	व	◌ं
र	च	ग	आ	श	व	ट	घ	घ	व	ष	श	ज	प
ड	स	ण	घ	◌ि	क	◌्	व	◌ा	र	◌्	ट	◌्	ज
ख	न	◌ि	ज	य	क	◌्	ष	◌े	त	◌्	र	व	म
ल	थ	घ	ढ	म	घ	इ	ल	ह	ड	इ	स	◌ा	ह
स	◌्	ट	◌ै	ल	◌े	क	◌्	ट	◌ि	ट	ञ	ल	◌ा
प	र	त	ग	च	क	◌्	र	प	न	म	क	◌ा	द
ष	ष	भ	द	◌ु	स	र	इ	क	छ	ह	ल	म	◌्
य	इ	ल	ट	ए	फ	इ	ए	ट	ऊ	ट	◌ा	◌ु	व
द	ब	घ	ए	ब	इ	◌ा	ञ	◌ा	त	द	व	ख	◌ी
क	◌्	र	◌ि	स	◌्	ट	ल	व	त	ह	◌ा	◌ी	प

एसिड
परत
गुफा
कैल्शियम
चक्र
महाद्वीप
मूंगा
क्रिस्टल
कटाव
स्टैलेक्टिट
जीवाश्म
लावा
खनिज
पत्थर
पठार
क्वार्ट्ज
नमक
भूकंप
ज्वालामुखी
क्षेत्र

6 - Móveis

ट	ब	ि	स	्	त	र	ब	े	ं	च	क	क	त
थ	घ	ब	ो	व	च	ट	ब	ठ	ड	इ	ु	ु	क
उ	ड	र	फ	ग	द	्	द	ा	प	त	र	श	ि
प	ष	े	ा	ध	ऊ	फ	छ	ह	छ	इ	्	न	य
फ	ञ	त	स	घ	ढ	ु	ष	प	थ	ष	स	च	ा
ल	च	म	अ	्	ब	ट	ड	आ	ए	ण	ी	ठ	स
ष	झ	ू	ल	ा	क	न	्	ह	द	ब	घ	त	न
त	ब	य	म	ट	म	भ	र	थ	ल	च	द	ग	य
इ	उ	ब	ा	न	ए	ब	े	ञ	ड	ण	ठ	र	र
ल	फ	प	र	्	द	े	स	ठ	इ	र	व	ब	ल
भ	य	उ	ि	थ	द	र	र	ग	ल	ी	च	ा	ख
ऊ	प	प	य	व	च	व	्	ए	प	र	ऊ	च	ट
फ	ग	ठ	ो	ए	ख	र	श	प	न	ध	उ	ऊ	न
ग	र	ग	ं	भ	आ	म	ग	आ	ण	उ	ख	द	ढ

तकिया
कुशन
बेंच
कुर्सी
बिस्तर
गद्दा
पर्दे
ड्रेसर
दर्पण
फुटन
झूला
डेस्क
अलमारियों
सोफा
गलीचा

7 - Tempo

व	ल	श	ल	उ	इ	ऊ	फ	आ	व	ख	ञ	ठ	स
आ	ग	म	घ	◌ं	ट	◌ा	द	श	क	प	श	य	◌ु
ऊ	इ	ख	द	ड	घ	फ	प	थ	छ	ल	थ	ख	ब
प	थ	श	◌ो	ण	◌़	च	ष	र	क	ह	आ	ज	ह
ख	इ	ण	प	थ	ढ	◌ी	उ	च	र	ल	न	व	ग
ऊ	ड	म	ह	◌ी	न	◌ा	भ	व	◌ि	ष	◌्	य	ध
ग	घ	ऊ	र	◌ा	त	व	◌ा	र	◌्	ष	◌ि	क	य
उ	न	ढ	ञ	ट	ट	भ	क	द	ल	उ	उ	इ	उ
ध	ख	द	ख	भ	ढ	ढ	स	◌ै	म	◌ि	न	ट	व
व	उ	◌ि	इ	स	स	◌े	प	ह	ल	◌े	अ	ब	आ
य	ड	न	भ	द	व	र	◌्	ष	छ	◌े	ऊ	ट	म
थ	द	भ	ठ	◌ी	ग	ऊ	त	ए	ब	प	◌ं	ख	ध
ड	द	द	छ	द	प	थ	◌ा	ब	इ	म	प	ड	ल
थ	श	ञ	ढ	न	घ	द	ह	ठ	ठ	न	ए	भ	र

अब
वर्ष
इससे पहले
वार्षिक
कैलेंडर
दशक
दिन
भविष्य
आज
घंटा
सुबह
दोपहर
महीना
मिनट
पल
रात
कल
घड़ी
सप्ताह
सदी

8 - Astronomia

ग	◌ु	र	◌ु	त	◌्	व	◌ा	क	र	◌्	ष	ण	ख
य	त	प	र	व	◌े	ध	श	◌ा	ल	◌ा	त	उ	ग
स	◌ु	प	र	न	◌ो	व	◌ा	स	◌ौ	र	प	इ	◌ो
न	त	क	◌ॉ	ब	ग	◌्	र	ह	ण	ण	छ	ट	ल
क	न	◌्	क	ध	◌्	प	◌ृ	थ	◌्	व	◌ौ	व	व
◌्	स	ष	◌े	च	र	र	व	आ	ख	ऊ	ध	◌ि	◌ि
ष	ण	◌ु	ट	स	ह	ढ	ह	◌ि	क	द	व	क	ज
त	य	द	ख	ध	ए	घ	च	◌्	ष	◌ा	श	◌ि	◌्
◌्	छ	◌्	ल	ख	त	य	र	त	म	◌ु	श	र	ञ
र	भ	र	ञ	म	त	ख	प	र	ट	◌ा	व	ण	◌ा
ब	प	ग	न	◌ि	ह	◌ा	र	◌ि	क	◌ा	◌ं	ठ	न
ञ	ल	◌्	च	◌ा	◌ॅ	द	स	◌ं	स	◌ा	र	ड	◌ी
छ	ख	र	आ	क	◌ा	श	ग	◌ं	ग	◌ा	ऊ	घ	ष
द	ट	ह	उ	ल	◌्	क	◌ा	ष	आ	आ	ख	घ	भ

क्षुद्रग्रह
खगोल विज्ञानी
आकाश
नक्षत्र
ब्रह्मांड
ग्रहण
विषुव
रॉकेट
आकाशगंगा
गुरुत्वाकर्षण
चाँद
उल्का
निहारिका
वेधशाला
ग्रह
विकिरण
सौर
सुपरनोवा
पृथ्वी
संसार

9 - Circo

म	त	प	ध	भ	ल	र	ख	फ	श	य	क	द	छ
म	प	र	र	थ	र	ब	श	ब	◌ा	घ	◌ै	ट	ल
ग	ह	द	व	◌े	ग	ह	त	य	न	ल	◌ं	◌ि	य
ब	स	द	ब	प	ड	य	◌ं	ढ	द	स	ड	क	फ
ज	◌ा	न	व	र	◌ो	◌ं	ब	आ	◌ा	◌ं	◌ी	ट	प
◌ा	ट	ड	ए	प	घ	श	◌ू	र	र	ग	श	ख	ठ
द	र	◌्	श	क	व	ह	◌ा	थ	◌ी	◌ी	भ	आ	भ
◌ू	त	आ	उ	ण	य	ज	◌ो	क	र	त	ब	ऊ	म
ग	◌ु	ब	◌्	ब	◌ा	र	◌े	ब	◌ा	ज	◌ी	ग	र
र	द	उ	ढ	भ	इ	ण	ब	ज	व	थ	ड	ढ	ण
फ	श	◌े	र	द	घ	श	◌ं	◌ा	य	ढ	उ	प	उ
ह	स	श	प	ण	इ	आ	द	द	थ	ण	ढ	न	ध
न	ढ	ध	भ	छ	ट	ह	र	◌ू	ड	प	म	ह	ष
छ	ट	त	त	म	ल	म	ट	ड	इ	ध	च	उ	घ

नट
जानवरों
गुब्बारे
टिकट
परेड
कैंडी
हाथी
दर्शक
शानदार
शेर

बंदर
जादू
बाजीगर
जादूगर
संगीत
जोकर
तंबू
बाघ
पोशाक
छल

10 - Acampamento

न	य	श	प	ण	भ	इ	छ	ड	ह	द	ख	उ	ल
ट	क	प	◌ि	प	ड	त	ड	ए	ठ	◌ि	ञ	ए	ब
◌ो	◌ौ	◌्	थ	क	ज	ट	ष	उ	प	क	र	ण	न
प	ट	र	श	ह	◌ा	र	प	छ	ब	◌्	ष	य	य
◌ौ	व	क	क	◌ा	न	र	झ	◌ौ	ल	स	थ	र	म
फ	स	◌ृ	◌े	ब	व	स	क	ढ	त	◌ू	आ	ट	इ
प	म	त	ब	ब	र	◌्	त	र	व	च	◌ा	◌ॅ	द
न	ह	◌ि	◌ि	आ	◌ो	स	◌ं	त	न	क	ण	इ	म
घ	भ	◌ा	न	द	◌ं	◌ौ	ब	व	ढ	◌ा	ह	म	द
व	इ	त	ड	इ	ट	झ	◌ू	ल	◌ा	आ	ण	म	न
प	◌े	ड	◌़	◌़	ड	◌ो	◌ं	ग	◌ौ	ग	ठ	घ	प
न	स	◌ा	ह	स	◌ि	क	ब	ट	ख	ट	ञ	त	ऊ
त	ऊ	ष	प	उ	त	ध	फ	म	य	व	ढ	ग	प
ञ	ह	श	फ	ढ	प	ब	न	ञ	उ	न	छ	ख	ण

जानवरों
साहसिक
पेड़
दिक्सूचक
केबिन
शिकार करना
डोंगी
टोपी
रस्सी
उपकरण
वन
आग
कीट
झील
चाँद
झूला
नक्शा
पहाड़
प्रकृति
तंबू

11 - Emoções

ढ	इ	ऊ	ब	ढ	ड	क	श	न	श	फ	त	ऊ	व
उ	म	प	◌ो	ण	द	◌ो	श	◌ा	◌ं	त	◌ि	इ	श
प	भ	ष	र	ख	छ	म	न	ध	ण	ठ	ठ	म	द
द	ऊ	ध	◌ि	घ	ए	ल	य	इ	द	ठ	ञ	द	ड
श	य	ग	य	स	◌ं	त	◌ु	ष	◌्	ट	ख	व	ल
र	प	◌ा	त	य	ह	◌ा	ठ	ड	ह	र	◌्	ष	उ
◌्	◌्	क	ल	व	थ	◌ा	प	र	म	◌ा	न	◌ं	द
म	य	◌्	घ	◌ु	थ	ऊ	न	आ	भ	◌ा	र	◌ी	◌ा
◌ि	◌ा	र	ढ	भ	त	ठ	न	◌ु	ह	य	त	फ	स
◌ं	र	◌ो	श	ब	म	◌ा	द	ग	भ	ऊ	ठ	प	◌ी
द	ञ	ध	व	श	◌ा	◌ं	त	ञ	भ	◌ू	प	घ	इ
◌ा	ष	ग	श	त	इ	ए	ण	ऊ	ख	ढ	त	ञ	ब
त	त	र	र	ड	घ	य	ल	ढ	उ	ए	व	◌ि	न
द	ब	ध	भ	ठ	व	फ	ण	ड	ड	न	ल	श	प

हर्ष
प्यार
परमानंद
दयालुता
शांत
शर्मिंदा
आभारी
डर
शांति
क्रोध
संतुष्ट
सहानुभूति
कोमलता
बोरियत
उदासी

12 - Ficção Científica

व	ध	द	ध	ण	क	थ	फ	ट	श	भ	र	आ	घ
ि	स	ू	फ	श	ा	न	द	ा	र	न	ह	स	फ
स	र	र	्	ग	ल	श	स	न	ठ	ल	स	ण	त
्	ो	ख	य	य	्	ष	ह	ट	ट	इ	्	ग	ख
फ	ब	ए	ू	ड	प	र	म	ा	ण	ु	य	य	र
ो	ो	ड	च	ट	न	फ	ह	ए	भ	द	म	आ	इ
ट	ट	व	र	स	ि	न	े	म	ा	्	य	न	ग
र	इ	स	ि	इ	क	म	ञ	ञ	र	थ	र	ञ	द
ड	ा	य	स	्	ट	ो	प	ि	य	ा	ढ	म	ु
ध	ञ	ढ	्	आ	क	ा	श	ग	ं	ग	ा	इ	न
ग	प	म	ट	ग	आ	क	ा	श	व	ा	ण	ी	ि
ढ	भ	र	ि	आ	द	र	्	श	ल	ो	क	च	य
ए	द	घ	क	प	ु	स	्	त	क	े	ं	र	ा
प	्	र	ौ	द	्	य	ो	ग	ि	क	ी	म	द

परमाणु
सिनेमा
दूर
डायस्टोपिया
विस्फोट
चरम
शानदार
आग
फ्यूचरिस्टिक
आकाशगंगा
भ्रम
काल्पनिक
पुस्तकें
रहस्यमय
दुनिया
आकाशवाणी
ग्रह
रोबोट
प्रौद्योगिकी
आदर्शलोक

13 - Mitologia

म	ल	ब	व	श	इ	ई	र	◌्	ष	◌्	य	◌ा	ल
◌ू	फ	द	फ	आ	प	द	◌ा	ट	ह	न	ख	ञ	ण
ल	च	ल	व	स	य	ट	क	त	य	च	द	ग	ब
र	ष	◌ा	भ	प	◌ो	व	◌्	य	व	ह	◌ा	र	छ
◌ू	प	इ	◌ू	आ	द	ष	ष	ब	स	न	ख	ज	ष
प	ञ	म	ल	ब	◌्	इ	स	त	आ	◌ृ	ढ	ध	व
आ	न	स	भ	◌ि	ध	ढ	ढ	त	◌ा	च	ज	प	फ
द	श	◌ं	◌ु	ज	◌ा	द	◌ु	ई	ढ	क	उ	न	ठ
र	◌्	स	ल	ल	आ	◌ं	द	त	ष	ह	त	◌ा	फ
◌्	व	◌्	◌ै	◌ी	इ	त	ज	◌ं	त	◌ु	ट	य	ऊ
श	र	क	य	च	भ	क	थ	न	◌ा	य	◌ि	क	◌ा
ञ	ह	◌ृ	◌ा	त	ग	थ	अ	म	र	त	◌ा	ञ	न
ण	ञ	त	य	त	इ	◌ा	ए	ट	ढ	ठ	ख	द	ग
ठ	ष	◌ि	ऊ	उ	र	ऊ	र	उ	न	य	फ	प	स

मूलरूप आदर्श
ईर्ष्या
व्यवहार
सृजन
जंतु
संस्कृति
आपदा
ताकत
योद्धा
नायिका
नायक
अमरता
भूलभुलैया
दंतकथा
जादुई
राक्षस
नश्वर
बिजली
गरज
बदला

14 - Medições

ड	◌ि	ग	◌्	र	◌ी	ऊ	च	◌ौ	ड	◌़	◌ा	ई	क
श	ह	ह	भ	ष	म	ख	◌ं	य	उ	ख	स	त	◌ि
आ	ग	र	ठ	ह	न	ह	ढ	च	ञ	ठ	ह	ख	ल
न	ण	◌ा	इ	◌ं	च	ग	ह	व	◌ा	श	ख	ल	◌ो
ग	न	ई	ल	ञ	स	औ	ड	ज	ग	ई	ग	ण	म
ल	◌ं	ब	◌ा	ई	ए	श	◌ं	न	व	म	◌्	त	◌ी
न	ए	ब	◌ा	थ	इ	उ	भ	स	म	◌ी	र	छ	ट
उ	ग	व	ग	इ	थ	र	ठ	ट	◌ा	ट	◌ा	ग	र
ट	उ	उ	ल	◌ी	ट	र	ड	ऊ	स	र	म	ह	छ
न	छ	घ	आ	प	ष	द	छ	आ	म	ए	घ	श	ह
उ	ठ	ट	घ	ह	ग	ख	ग	र	ल	व	ब	आ	च
स	◌े	◌ं	ट	◌ी	म	◌ी	ट	र	इ	ष	न	य	ढ
ऊ	द	श	म	ल	व	ध	इ	ब	व	व	व	त	श
त	क	◌ि	ल	◌ो	ग	◌्	र	◌ा	म	म	◌ि	न	ट

ऊंचाइ
बाइट
सेंटीमीटर
लंबाई
दशमलव
ग्राम
डिग्री
चौड़ाई
लीटर
मास
मीटर
मिनट
औंस
वजन
इंच
गहराई
किलोग्राम
किलोमीटर
टन
आयतन

15 - Plantas

व	ठ	प	स	ण	च	द	व	स	◌ू	र	◌्	य	प
न	ए	◌े	ह	द	ल	ख	ड	◌े	भ	ज	घ	ग	त
स	ए	ड	ब	ड	म	ष	ञ	म	उ	ड	ट	घ	◌्
◌्	प	◌़	ष	ध	ख	त	ग	ल	आ	◌़	व	थ	त
प	क	त	ड	त	र	छ	आ	इ	व	◌ी	त	म	◌ा
त	◌ै	थ	◌्	स	ट	ण	च	ए	प	ब	◌ा	◌ं	स
◌ि	क	◌ा	ई	त	प	उ	म	ड	फ	◌ू	ल	घ	फ
ल	◌्	प	ञ	ग	◌े	र	ड	श	ऊ	ट	द	छ	ढ
थ	ट	प	द	ट	फ	◌्	ब	◌े	र	◌ी	य	न	स
ण	स	ठ	त	ब	छ	व	◌ु	ठ	य	व	इ	ऊ	त
थ	य	ष	र	◌्	थ	र	श	ल	आ	य	उ	थ	ड
थ	भ	ब	द	ठ	त	क	म	घ	ज	ण	ण	ख	इ
ह	ड	इ	द	ब	ग	◌ी	च	◌ा	व	ड	म	प	ड
श	ञ	ए	श	ल	ट	त	ड	स	न	स	◌़	ख	ञ

बुश
पेड़
बेरी
बांस
कैक्टस
जड़ी बूटी
सेम
उर्वरक
फूल
वन

पत्ता
पत्ते
घास
आइवी
बगीचा
काई
पत्ती
जड़
सूर्य
वनस्पति

16 - Veículos

ह	ठ	छ	ख	च	ट	ष	स	र	ढ	म	छ	भ	ग
◌े	ट	ह	ण	च	ट	ढ	ब	स	ब	फ	◌ो	श	क
ल	ऊ	ष	ठ	र	◌ो	ग	◌ी	व	◌ा	ह	न	ट	◌ा
◌ी	न	◌ा	व	ढ	ए	द	ख	इ	ट	ऊ	ग	ल	र
क	य	ट	◌ा	य	र	ढ	छ	व	◌ि	म	◌ा	न	व
◌ॉ	ड	म	उ	छ	ट	आ	छ	ब	ट	न	◌ौ	क	◌ा
प	न	ड	◌ु	ब	◌्	ब	◌ी	◌े	म	ट	ट	ष	◌ं
◌्	र	थ	ण	आ	र	श	ड	ड	त	◌ै	◌्	ख	थ
ट	आ	◌ॉ	त	थ	◌ै	न	ध	◌़	स	क	र	फ	भ
र	क	ट	क	ण	क	ट	ञ	◌ा	◌्	◌्	क	घ	स
य	य	◌ा	य	◌े	◌्	थ	य	ब	क	स	ह	ठ	त
त	च	इ	र	ग	ट	ऊ	ठ	श	◌ू	◌ी	ल	ट	स
घ	व	छ	प	ष	र	ल	ग	इ	ट	थ	ड	भ	ड
स	◌ा	इ	क	◌ि	ल	श	छ	व	र	द	प	ल	छ

रोगी वाहन
विमान
नौका
नाव
साइकिल
ट्रक
कारवां
कार
रॉकेट
हेलीकॉप्टर
बेड़ा
स्कूटर
मोटर
बस
टायर
पनडुब्बी
टैक्सी
शटल
ट्रैक्टर

17 - Restaurante # 2

ण	प	न	म	क	घ	च	र	ल	ल	श	द	उ	इ
न	प	द	छ	◌ा	प	ष	म	ल	न	ष	व	ह	ख
श	ठ	फ	ल	◌ं	क	◌ु	र	◌्	स	◌ी	र	भ	प
ए	ध	द	◌ी	ट	स	ढ	ध	छ	म	भ	थ	ट	प
ञ	भ	ख	प	◌ा	न	◌ी	त	ऊ	व	च	श	ब	ग
द	ठ	ए	व	◌े	ट	र	प	फ	ञ	ब	ए	ड	ख
स	ब	◌्	ज	◌ि	य	◌ा	◌ं	स	◌ू	प	ब	इ	श
क	र	क	◌्	ष	◌ु	ध	◌ा	व	र	◌्	ध	क	स
◌े	◌्	भ	म	न	ग	व	म	व	ध	ऊ	उ	ब	ल
क	फ	छ	भ	न	ऊ	आ	ब	स	ब	च	ह	स	◌ा
र	◌ा	त	क	◌ा	ख	◌ा	न	◌ा	◌ा	भ	ठ	त	द
ल	र	ध	ढ	ढ	ब	स	न	◌ू	ड	ल	◌्	स	छ
स	◌्	व	◌ा	द	◌ि	ष	◌्	ट	घ	स	◌े	स	ञ
द	◌ो	प	ह	र	क	◌ा	भ	◌ो	ज	न	ल	घ	ऊ

दोपहर का भोजन
क्षुधावर्धक
पानी
पेय
केक
कुर्सी
चम्मच
स्वादिष्ट
मसाले
फल

वेटर
कांटा
बर्फ
रात का खाना
सब्जियां
नूडल्स
मछली
नमक
सलाद
सूप

18 - Países #2

य	आ	थ	त	फ	ढ	श	ऊ	ड	ड	उ	द	ड	भ
◌ु	य	◌ू	क	◌्	र	◌े	न	आ	द	इ	त	◌े	च
ग	र	ड	आ	र	छ	ब	◌े	प	ख	स	ए	न	द
◌ा	ल	ज	ब	◌ा	श	म	प	व	आ	◌ी	श	म	थ
◌ं	◌ै	म	ट	◌ं	द	ष	◌ा	ल	ट	र	ब	◌ा	अ
ड	◌ं	◌ै	◌े	स	ञ	ह	ल	ढ	य	◌ि	प	र	ल
◌ा	ड	क	ग	क	ज	◌ा	प	◌ा	न	य	◌ा	◌्	◌्
ष	ध	◌ा	ट	र	◌्	द	द	इ	य	◌ा	क	क	ब
ल	◌े	ब	न	◌ा	न	स	◌ो	म	◌ा	ल	◌ि	य	◌ा
इ	◌ं	ड	◌ो	न	◌े	श	◌ि	य	◌ा	ट	स	र	न
थ	ल	र	ख	त	ह	भ	ऊ	क	ह	ड	◌्	ञ	◌ि
इ	◌ा	व	◌ू	ह	◌ै	प	आ	ब	◌ो	ध	त	ष	य
ब	ओ	उ	ष	स	त	य	◌ू	न	◌ा	न	◌ा	र	◌ा
त	स	ण	व	प	◌ी	उ	घ	ल	ट	घ	न	ष	प

अल्बाानिया
डेनमार्क
फ्रांस
यूनान
हैती
इंडोनेशिया
आयरलैंड
जमैका
जापान
लाओस
लेबनान
मेक्सिको
नेपाल
पाकिस्तान
रूस
सीरिया
सोमालिया
यूक्रेन
युगांडा

19 - Cozinha

प	स	उ	ग	भ	ओ	ल	द	म	त	व	ण	ख	द
न	◌ै	प	क	◌ि	न	व	घ	क	भ	र	◌ि	ग	आ
न	भ	क	◌े	त	भ	च	न	प	द	ल	श	ध	फ
ट	ख	ट	त	छ	ह	◌ी	म	श	आ	द	म	ग	◌ि
प	क	◌ो	ल	व	उ	न	स	◌्	प	◌ं	ज	◌्	ऊ
फ	◌्	र	◌ी	ज	र	◌ी	◌ा	उ	ऊ	ब	ख	र	भ
न	ञ	◌ा	छ	त	आ	क	ल	त	प	ठ	थ	◌ि	स
ध	इ	ट	ल	◌ु	ठ	◌ा	◌े	ब	प	ख	ब	ल	ष
ध	उ	इ	ल	ए	ल	◌ँ	न	ब	ष	ख	व	च	ठ
म	श	फ	ञ	म	न	ट	ए	प	◌्	र	न	◌ा	क
फ	◌्	र	◌ि	ज	ट	◌ा	च	म	◌्	म	च	क	◌ा
ऊ	च	व	ह	स	इ	ब	घ	ञ	ल	न	च	◌ू	◌ं
फ	म	ख	उ	प	ध	ह	ण	ड	य	फ	ज	ग	ट
ढ	छ	भ	भ	घ	प	उ	ल	फ	च	व	ब	न	◌े

एप्रन
केतली
चम्मच
करछुल
कप
मसाले
स्पंज
चाकू
ओवन
फ्रीजर
कांटे
फ्रिज
ग्रिल
नैपकिन
जग
चीनी काँटा
विधि
कटोरा

20 - Brinquedos

भ	र	ण	उ	ब	ह	ष	व	◌ि	म	◌ा	न	प	ब
द	ग	ध	उ	ठ	फ	क	म	ध	ड	द	घ	ढ	द
थ	ब	ऊ	म	त	भ	◌ा	श	त	र	◌ं	ज	ठ	च
ध	प	◌्	र	◌ि	य	र	◌ि	ट	ष	ह	ऊ	न	श
र	◌ु	इ	ड	व	ढ	क	ल	◌्	प	न	◌ा	ख	ब
त	स	◌ा	इ	क	◌ि	ल	◌्	र	◌ो	ब	◌ो	ट	ल
श	◌्	ड	◌्	र	म	स	प	क	थ	छ	ग	य	ब
ट	त	त	द	म	म	ट	म	ष	न	द	ऊ	ब	न
य	क	प	च	फ	ण	ढ	च	◌ि	ध	छ	न	ग	छ
ल	◌े	◌े	र	त	घ	ट	ख	ढ	ट	आ	◌ा	ड	प
ठ	◌ं	◌ं	ठ	ढ	छ	ब	ग	◌े	प	◌्	व	छ	ए
व	ठ	ट	ऊ	थ	फ	स	◌े	ञ	ल	त	ट	च	ढ
ग	◌ु	ड	◌़	◌ि	य	◌ा	◌ं	ए	ण	थ	◌ं	◌ी	च
ल	थ	ऊ	ख	थ	घ	प	द	च	छ	ञ	ड	ग	आ

मिट्टी
शिल्प
विमान
नाव
ड्रम
साइकिल
गेंद
गुड़िया
ट्रक
कार
प्रिय
कल्पना
खेल
पुस्तकें
पतंग
रोबोट
पेंट
शतरंज

21 - Verão

य	◌ा	त	◌्	र	◌ा	इ	फ	र	ध	ठ	ठ	ब	ल
ह	र	◌्	ष	ध	ग	इ	फ	उ	थ	प	प	ग	म
अ	र	द	द	ह	व	त	ढ	ख	त	म	ऊ	◌ी	आ
व	ऊ	ड	◌ो	ए	ट	ढ	ठ	ष	ख	ह	ढ	च	घ
क	म	ए	ऊ	स	म	◌ु	द	◌्	र	त	ट	◌ा	र
◌ा	प	प	◌ु	स	◌्	त	क	◌े	◌ं	ग	त	ह	ध
श	इ	फ	च	◌ै	त	त	व	◌ि	श	◌्	र	◌ा	म
ए	च	ट	र	◌ं	च	प	◌ो	स	त	ड	ड	घ	ड
थ	प	म	न	ड	ऊ	ध	य	◌ं	ए	घ	ड	थ	◌ा
भ	र	स	थ	ल	ख	आ	फ	ग	उ	ग	फ	थ	इ
स	◌ि	त	◌ा	र	◌े	ऊ	फ	◌ी	य	श	ए	न	व
स	व	ञ	ब	ढ	ल	य	य	त	छ	द	छ	ग	◌ि
इ	◌ा	स	म	◌ु	द	◌्	र	ड	त	ए	र	र	◌ं
ठ	र	ड	◌े	र	◌ा	ड	◌ा	ल	न	◌ा	छ	प	ग

डेरा डालना
हर्ष
दोस्तों
घर
सितारे
परिवार
बगीचा
खेल
अवकाश
पुस्तकें
समुद्र
डाइविंग
संगीत
समुद्र तट
विश्राम
सैंडल
यात्रा

22 - Material de Arte

च	ग	ए	प	ढ	ह	च	ह	प	त	ड	ष	य	आ
◌ि	ऊ	ण	◌ा	व	ऊ	ठ	य	प	र	ह	प	ढ	य
त	र	व	न	ए	म	र	ब	ह	र	न	◌े	म	ग
◌्	च	भ	◌ी	क	आ	ख	ब	प	ट	इ	◌ं	म	त
र	न	भ	ब	◌्	र	श	र	ड	◌े	ह	ट	भ	द
फ	◌ा	प	छ	र	ढ	ए	ढ	◌ं	◌़	स	ए	इ	व
ल	त	◌े	म	◌ि	ट	◌्	ट	◌ी	ग	ह	◌्	र	त
क	◌्	◌ं	ज	ल	ट	◌े	ब	ल	◌ा	म	ख	ट	◌े
◌ु	म	स	ल	◌ि	ए	ख	य	ह	◌ं	ह	च	ण	ल
र	क	◌ि	र	क	ञ	ल	भ	घ	द	उ	फ	ञ	क
◌्	त	ल	◌ं	◌ा	द	स	◌्	य	◌ा	ह	◌ी	ब	◌ै
स	◌ा	प	ग	ग	इ	घ	फ	भ	प	त	ल	ण	म
◌ी	र	स	ह	ज	घ	ध	इ	ध	ष	श	इ	ञ	र
ए	ड	उ	ण	त	ह	आ	उ	फ	थ	श	स	य	◌ा

एक्रेलिक
रबड़
जल रंग
मिट्टी
पानी
कुर्सी
चित्रफलक
कैमरा
गोंद
रंग
रचनात्मकता
ब्रश
पेंसिल
टेबल
तेल
कागज
पेस्टल
स्याही
पेंट

23 - Números

आ	ड	भ	भ	ष	च	ठ	भ	न	ड	र	घ	म	ठ
स	त	◌्	र	ह	ध	ड	ड	ट	स	अ	ढ	प	स
प	◌ा	आ	उ	छ	ञ	द	ढ	न	छ	ठ	द	◌ा	च
प	र	त	प	◌ं	द	◌्	र	ह	ल	◌ा	घ	◌ं	श
ब	ष	द	व	स	ढ	ञ	ऊ	उ	ञ	र	ऊ	च	ऊ
द	श	म	ल	व	द	च	◌ा	र	ठ	ह	छ	ह	आ
च	◌ू	त	ख	ट	न	◌ौ	च	द	ध	य	त	ष	उ
न	न	◌ी	आ	भ	आ	द	ए	ब	ध	इ	◌े	म	भ
स	◌्	न	ह	ड	ह	ह	ञ	उ	आ	ष	र	इ	ग
फ	य	स	इ	ह	द	ब	स	◌ो	ल	ह	ह	ए	ञ
ए	ठ	ए	ट	न	◌ो	◌ौ	व	ञ	भ	ठ	व	भ	य
ब	◌ा	र	ह	आ	त	स	च	द	ठ	च	ए	इ	उ
न	व	ड	थ	ठ	ट	द	थ	श	स	इ	उ	क	र
ह	थ	म	इ	ए	ह	च	ण	ऊ	फ	फ	ह	ट	इ

पांच
दशमलव
दस
सोलह
सत्रह
अठारह
दो
बारह
नौ
आठ
चौदह
चार
पंद्रह
छह
सात
तेरह
तीन
एक
बीस
शून्य

24 - Ferramentas

ठ	ह	य	श	म	प	◌े	◌ं	च	ख	ड	द	प	त
ग	◌ो	◌ं	द	स	श	ह	ऊ	ऊ	आ	इ	ठ	त	न
स	ग	इ	ष	◌ौ	ख	क	◌ि	स	म	श	◌ा	ल	ब
र	र	ढ	र	ढ	प	◌ु	ट	य	च	ल	इ	य	त
ग	स	◌ौ	ह	◌़	त	ल	ध	फ	◌ा	व	ड	◌़	◌ा
ब	स	◌्	त	◌ीं	ह	◌्	प	ल	क	च	च	भ	व
ड	फ	र	स	◌ा	थ	ह	ड	ऊ	◌ू	ढ	ग	स	◌्
क	◌ै	◌ं	च	◌ी	◌ी	◌ा	फ	स	ख	ढ	य	ठ	य
थ	उ	ध	व	भ	ड	ड	श	इ	स	म	ए	य	व
फ	फ	य	प	घ	◌़	◌़	भ	छ	द	स	ह	थ	स
ख	ग	क	छ	इ	◌ा	◌ीं	र	उ	स	◌्	त	र	◌ा
ग	भ	◌े	य	ह	ए	स	च	आ	ऊ	च	ध	ख	य
ए	ड	ब	ख	ट	न	ष	य	त	ढ	म	उ	ठ	◌ी
ग	ड	ल	ष	श	ञ	च	व	स	ड	र	स	घ	थ

सरौता
केबल
गोंद
रस्सी
सीढ़ी
चाकू
व्यवसायी
कुल्हाड़ी
हथौड़ा
उस्तरा
पेंच
फावड़ा
पहिया
कैंची
मशाल

25 - Especiarias

क	ड	◌़	व	◌ा	ख	उ	ग	म	ग	न	ख	ग	प
र	च	इ	ध	न	◌ि	य	◌ा	◌ि	त	ढ	ट	ह	◌्
◌ौ	न	ब	ष	द	◌ौ	इ	श	ठ	भ	थ	इ	ढ	य
स	म	ग	व	◌्	इ	ल	ज	◌ा	थ	ह	त	थ	◌ा
ब	ट	ख	फ	य	आ	◌ा	◌ा	ई	श	र	उ	ऊ	ज
छ	भ	ल	व	प	स	य	य	ल	ल	ठ	द	ए	◌ी
ख	ट	◌्	ट	◌ा	य	च	फ	ह	न	◌ौ	ञ	ल	र
च	भ	आ	क	न	ण	◌ौ	ल	स	म	आ	◌ं	ण	◌ा
अ	द	र	क	◌े	छ	म	ग	◌ु	क	ए	द	ग	ह
ब	न	भ	ह	ट	स	◌ि	घ	न	ञ	ढ	र	फ	ढ
घ	ख	ठ	छ	आ	आ	र	ड	ह	ण	ब	फ	घ	ढ
स	◌्	व	◌ा	द	इ	◌्	द	◌ा	ल	च	◌ी	न	◌ी
इ	स	ञ	भ	थ	र	च	ण	ख	थ	श	ऊ	च	ड
ह	स	ए	ण	घ	आ	स	◌ौ	◌ं	फ	ढ	ऊ	ड	ए

केसर
नद्यपान
लहसुन
कड़वा
खट्टा
वनीला
दालचीनी
इलायची
करी
प्याज
धानेया
जीरा
लौंग
मिठाई
सौंफ
अदरक
जायफल
मिर्च
स्वाद
नमक

26 - Aniversário

ञ	श	उ	ण	त	ढ	भ	द	ठ	ब	ल	भ	य	म
भ	श	ब	प	म	ट	उ	ग	श	◌ु	भ	ऊ	थ	त
र	श	ब	र	द	ध	त	ह	ढ	द	र	ध	द	र
य	ड	आ	उ	◌ि	◌ो	◌्	ज	न	◌्	म	ल	ब	द
प	◌ु	ढ	प	न	ढ	स	ए	न	ध	ए	ल	ड	व
श	ठ	व	ह	र	न	व	◌्	प	◌ि	ढ	र	प	भ
उ	ठ	म	◌ा	श	श	ग	◌ी	त	ण	स	ल	च	ल
ट	ल	प	र	ण	व	घ	ब	◌्	◌ो	ञ	ल	श	ह
ऊ	भ	न	व	र	◌्	ष	ड	त	प	◌ं	ध	स	र
ष	इ	ब	◌ि	ऊ	क	◌ै	ल	◌े	◌ं	ड	र	म	◌्
ख	ख	◌ु	श	श	ण	◌े	ट	ठ	श	ल	ल	य	ष
ग	घ	ऊ	◌े	ष	ञ	ष	क	थ	ए	उ	ह	ण	◌ि
श	उ	स	ष	न	◌ि	म	◌ं	त	◌्	र	ण	ऊ	त
म	◌ो	म	ब	त	◌्	त	◌ि	य	◌ा	◌ँ	त	घ	थ

हार्षित
दोस्तों
वर्ष
केक
कैलेंडर
गीत
पत्ते
उत्सव
निमंत्रण

दिन
उपहार
विशेष
खुश
युवा
जन्म
बुद्धि
समय
मोमबत्तियाँ

27 - Casa

फ	ग	ब	◌ौ	छ	◌ा	र	ख	च	न	उ	ण	ड	ऊ
र	श	ग	श	म	ठ	ए	इ	◌ि	ल	व	ञ	ब	छ
◌्	म	◌ी	◌ै	ख	ट	भ	ग	म	ड	उ	म	घ	ढ
न	र	च	च	र	इ	घ	अ	न	ढ	◌़	व	ह	ग
◌ी	ब	◌ा	ड	◌़	◌े	त	ट	◌ी	य	क	क	◌्	ष
च	द	ए	य	आ	द	ज	◌ा	य	न	ड	ड	◌ी	झ
र	र	न	फ	ल	आ	द	र	व	◌ा	ज	◌ा	थ	◌ा
स	◌्	न	◌ा	न	घ	र	◌ी	ग	ल	◌ी	च	◌ा	ड
त	प	ण	ठ	म	त	आ	र	व	त	उ	थ	र	◌़
ऊ	ण	उ	प	◌ु	स	◌्	त	क	◌ा	ल	य	ढ	◌ू
ब	ढ	ण	य	इ	ग	आ	ह	◌ु	प	र	◌्	द	◌े
त	स	र	स	◌ो	ई	ऊ	ए	◌ं	आ	ठ	फ	व	च
ख	फ	श	ढ	व	ष	भ	ब	ज	य	थ	श	ल	ब
ख	ह	इ	फ	स	ब	छ	ल	◌ौ	ब	फ	ट	ब	उ

स्नानघर
पुस्तकालय
बाड़
कुंजी
बौछार
पर्दे
रसोई
दर्पण
गैरेज
खिड़की

बगीचा
चिमनी
फर्नीचर
दीवार
दरवाजा
कक्ष
अटारी
गलीचा
नल
झाड़ू

28 - Vegetais

भ	च	ण	त	म	उ	ब	क	अ	द	ण	ढ	ग	म
ञ	थ	घ	ख	◌ू	ग	स	द	ज	ज	म	उ	◌ा	ड
न	ठ	ह	आ	ल	य	ल	◌्	व	र	म	घ	ज	ब
ष	ष	भ	ट	◌ी	ष	ह	द	◌ा	इ	प	◌ो	र	भ
श	ड	ध	म	घ	आ	स	◌ू	इ	ब	थ	आ	द	छ
प	◌्	य	◌ा	ज	ल	◌ु	ऊ	न	◌्	◌ै	स	श	य
स	◌ा	श	ट	छ	◌ू	न	अ	द	र	क	◌ं	इ	ऊ
ल	इ	ल	र	ठ	ऊ	ढ	उ	च	◌ो	ख	उ	ग	म
◌ा	ढ	ज	क	ह	◌ा	थ	◌ी	च	क	◌ी	प	ठ	न
द	थ	म	श	र	◌ू	म	ग	ण	◌ो	र	ग	भ	द
फ	◌ू	ल	ग	◌ो	भ	◌ी	ट	द	ल	◌ा	ग	ध	थ
ह	ख	भ	ह	भ	थ	थ	च	ग	◌ी	उ	ड	द	त
थ	ठ	ड	ऊ	ड	ध	व	ब	ष	ञ	ग	फ	ढ	ऊ
घ	भ	व	ए	इ	घ	भ	श	द	म	ट	र	भ	र

कद्दू
अजवाइन
हाथी चक
लहसुन
आलू
बैंगन
ब्रोकोली
प्याज
गाजर
मशरूम
फूलगोभी
मटर
पालक
अदरक
शलजम
खीरा
मूली
सलाद
अजमोद
टमाटर

29 - Exploração

ख	ढ	श	उ	ग	उ	द	ण	घ	द	ज	च	ण	स
म	उ	य	◌ा	त	◌्	र	◌ा	ट	◌ृ	◌ा	ढ	ऊ	म
स	थ	ड	च	◌ि	◌्	ल	म	य	ढ	न	ड	ट	आ
ज	य	न	उ	व	व	स	आ	इ	◌़	व	स	र	त
प	◌ं	छ	त	◌ि	च	◌ा	◌ा	ध	न	र	◌ं	इ	प
इ	थ	ग	व	ध	त	ह	द	ह	◌ि	◌ो	स	ट	ए
र	क	प	ल	◌ि	फ	स	◌ू	ट	श	◌ं	◌्	र	व
भ	◌ा	ष	◌ा	◌ौ	थ	उ	र	ञ	◌्	भ	क	र	च
ल	व	ख	य	ए	य	आ	द	इ	च	◌ू	◌ृ	व	फ
फ	ट	त	◌ो	म	न	च	द	अ	य	भ	त	न	छ
ण	छ	र	ठ	ज	य	द	न	न	श	◌ा	◌ि	भ	य
छ	त	◌ो	स	छ	◌ा	थ	द	ज	भ	ग	य	ख	त
ल	ल	◌ं	घ	ठ	ल	ट	ष	◌ा	र	प	◌ो	ऊ	उ
अ	◌ं	त	र	◌ि	क	◌्	ष	न	प	थ	◌ं	ध	व

जानवरों
गतिविधि
साहस
संस्कृतियों
खोज
अनजान
दृढ़ निश्चय
दूर
अंतरिक्ष
थकावट
उत्साह
भाषा
नया
खतरों
जंगली
भूभाग
यात्रा

30 - Balé

क	न	र	◌्	त	क	◌ि	य	◌ो	◌ं	त	स	व	ट
श	ल	ऊ	ण	फ	न	श	व	प	ब	◌ा	◌ु	ध	ढ
इ	द	◌ा	श	अ	ल	ढ	थ	◌ा	ग	ल	◌ं	घ	थ
म	घ	ष	त	भ	ह	स	ग	ऊ	ह	र	द	न	इ
स	ल	ट	श	◌्	प	◌ू	म	ठ	इ	व	र	घ	ण
◌ं	◌ं	प	◌ै	य	म	च	क	◌ौ	श	ल	◌ा	घ	भ
ग	स	ग	ल	◌ा	म	क	ल	ब	◌ा	ग	म	ह	त
◌ी	च	ल	◌ी	स	ए	क	ल	◌ै	र	ष	म	भ	◌ी
त	ढ	न	◌ृ	त	◌्	य	क	ल	◌ा	र	भ	ह	व
द	र	◌्	श	क	क	ब	भ	◌े	ब	आ	छ	ष	◌्
त	क	न	◌ी	क	ढ	◌ा	त	ड	इ	म	ण	म	र
र	◌ि	ह	र	◌्	स	ल	र	छ	स	ब	य	म	त
ऑ	र	◌्	क	◌े	स	◌्	ट	◌्	र	◌ा	व	न	◌ा
ल	ढ	व	घ	ख	ट	घ	ल	थ	य	व	ग	द	भ

वाहवाही
कलात्मक
बैले
संगीतकार
नृत्यकला
नर्तकियों
रिहर्सल
शैली
सूचक
इशारा
सुंदर
कौशल
तीव्रता
संगीत
ऑर्केस्ट्रा
अभ्यास
दर्शक
ताल
एकल
तकनीक

31 - Adjetivos #1

म	आ	क	र	◌्	ष	क	ठ	ख	स	म	◌ा	न	व
उ	ह	ध	◌ी	म	◌ा	भ	ण	◌ु	च	व	थ	व	◌ि
त	द	त	◌ु	ए	ऊ	◌ा	त	श	द	ब	न	आ	द
◌्	त	ठ	◌्	न	ल	र	अ	ब	फ	ई	त	ग	◌े
त	व	इ	भ	व	◌ि	◌ी	◌ं	◌ू	उ	म	म	◌ं	श
म	त	ञ	ढ	प	प	क	ध	द	ट	◌ा	क	भ	◌ी
व	◌ि	श	◌ा	ल	त	◌ू	◌े	◌ा	प	न	ल	◌ी	म
फ	ल	ड	य	ध	छ	ल	र	र	उ	द	◌ा	र	◌ू
ब	ड	◌़	◌ा	च	ए	ए	◌ा	◌्	फ	◌ा	त	ह	ल
श	ट	ञ	इ	ल	ए	ध	थ	ञ	ण	र	◌्	स	◌्
न	ञ	घ	म	च	ण	म	व	त	ञ	त	म	◌्	य
थ	छ	न	फ	प	घ	प	ध	ड	ल	ण	क	य	व
न	◌ि	र	प	◌े	क	◌्	ष	ए	म	ग	उ	म	◌ा
ष	इ	ध	ह	श	ए	ध	ढ	ध	प	उ	ए	य	न

निरपेक्ष
खुशबूदार
कलात्मक
आकर्षक
विशाल
अंधेरा
विदेशी
पतला
उदार
बड़ा
ईमानदार
समान
महत्वपूर्ण
धीमा
रहस्यमय
आधुनिक
उत्तम
भारी
गंभीर
मूल्यवान

32 - Insetos

ग	त	क	◌ी	ट	त	त	र	इ	स	ठ	त	ड	च
ए	फ	◌ि	ड	ट	म	त	ठ	ग	ए	य	ञ	ऊ	◌ी
प	भ	आ	त	आ	ड	◌ै	ट	प	भ	◌ृ	◌ं	ग	◌ं
द	ह	श	व	ल	ट	य	त	म	◌ि	ठ	ञ	ग	ट
छ	◌ी	ठ	प	ट	◌ी	◌ा	श	घ	◌ं	स	ख	ध	◌ी
ग	ध	म	आ	च	न	स	ह	उ	ड	ल	◌्	ण	य
ध	ड	ह	क	◌ी	ड	◌़	◌ा	त	◌ी	र	ल	स	इ
म	ध	◌ु	म	क	◌्	ख	◌ी	ब	घ	ढ	◌ा	◌ि	◌ू
प	घ	ष	म	ट	ट	◌ि	ड	◌्	ड	◌ी	र	क	च
ड	◌्	र	◌ै	ग	न	फ	◌्	ल	◌ा	ई	◌्	◌ा	छ
ड	फ	व	ढ	ड	ए	उ	फ	द	ह	व	व	ड	श
इ	द	फ	ठ	त	◌ि	ल	च	ट	◌्	ट	◌ा	◌ा	द
ख	थ	ठ	ठ	घ	ल	आ	घ	ग	भ	ष	ल	श	ट
ऊ	ऊ	न	छ	ड	ध	र	म	र	म	च	◌्	छ	र

मधुमक्खी
तिलचट्टा
भृंग
तितली
सिकाडा
दीमक
चींटी
टिड्डी
भिंडी
लार्वा
ड्रैगनफ्लाई
कीट
कीड़ा
मच्छर
पिस्सू
एफिड
ततैया

33 - Paisagens

स	म	◌ु	द	◌्	र	त	ट	र	छ	आ	ण	ढ	र
द	◌्	व	◌ी	प	श	प	म	ण	न	झ	र	ग	ट
ट	ब	ख	ब	ऊ	न	प	र	ञ	ड	◌ी	फ	ध	ब
प	ह	◌ा	ड	◌़	◌ी	◌्	◌ू	ड	द	ल	द	ल	ठ
व	ल	ड	ग	उ	फ	र	द	ग	◌ु	फ	◌ा	ढ	ध
फ	द	◌़	इ	आ	य	◌ा	◌्	र	प	ऊ	आ	ञ	छ
ग	घ	◌ी	ञ	ढ	ठ	य	य	◌े	ढ	म	च	थ	ग
ह	◌्	य	उ	छ	द	द	◌ा	ग	स	घ	त	ए	ब
थ	◌ि	ल	फ	ऊ	श	◌्	न	◌ि	म	◌ा	स	ल	प
आ	त	म	◌े	ख	भ	व	आ	स	◌ु	ट	ग	थ	ह
ध	आ	म	ख	श	य	◌ी	र	◌्	द	◌ी	ड	र	◌ा
झ	र	न	◌ा	◌ं	◌ि	प	म	त	◌्	ब	ब	ग	ड
छ	ए	ण	भ	फ	ड	य	च	◌ा	र	य	ड	ग	◌़
ट	◌ु	◌ं	ड	◌्	र	◌ा	र	न	द	◌ी	ढ	स	थ

झरना
गुफा
पहाड़ी
रेगिस्तान
ग्लेशियर
खाड़ी
हिमखंड
द्वीप
झील
समुद्र
पहाड़
मरूद्यान
सागर
दलदल
प्रायद्वीप
समुद्र तट
नदी
टुंड्रा
घाटी

34 - Dança

स	र	श	◌ा	स	◌्	त	◌्	र	◌ी	य	प	र	स
◌ं	◌ि	अ	म	ट	र	आ	ष	ट	भ	◌ा	व	न	◌ा
स	ह	आ	क	ण	ऊ	स	ष	घ	घ	ट	ण	घ	◌ं
◌्	र	र	ल	◌ा	क	न	च	ष	स	◌ा	थ	◌ी	स
क	◌्	फ	◌ा	घ	द	◌ृ	ट	ध	◌ू	◌ं	ढ	ए	◌्
◌ृ	स	त	◌ा	ल	ण	म	प	य	च	उ	ग	य	क
त	ल	द	◌ृ	श	◌्	य	◌ी	◌ा	क	फ	त	◌ी	◌ृ
◌ि	ल	ब	ठ	फ	आ	च	ह	र	◌्	ष	◌ि	त	त
प	र	◌ं	प	र	◌ा	ग	त	ख	श	र	◌ी	र	◌ि
ह	म	य	र	य	इ	च	न	र	ट	ध	ञ	छ	क
थ	ऊ	ख	स	इ	व	त	स	य	य	प	फ	न	न
न	◌ृ	त	◌्	य	क	ल	◌ा	ष	म	ञ	च	इ	द
प	ढ	ञ	प	छ	ख	आ	ठ	य	ष	ख	ट	ष	ऊ
स	च	ग	न	थ	द	ल	भ	र	ठ	त	फ	र	ब

अकादमी
हर्षित
कला
शास्त्रीय
नृत्यकला
शरीर
संस्कृति
सांस्कृतिक
भावना
रिहर्सल
सूचक
कृपा
गति
संगीत
साथी
आसन
ताल
परंपरागत
दृश्य

35 - Nutrição

स	◌्	व	◌ा	द	य	म	न	भ	न	ल	क	थ	ए
◌ा	◌्	प	ख	ष	ह	ऊ	स	ट	ए	घ	ड	ध	ब
म	ध	व	ज	न	छ	उ	त	व	ष	म	◌़	इ	श
ग	ञ	ऊ	◌ा	व	◌ि	ट	◌ा	म	◌ि	न	व	थ	ए
◌्	ग	ख	य	स	◌्	व	स	◌्	थ	भ	◌ा	ड	ब
र	◌ु	क	◌ि	ण	◌्	व	न	आ	म	च	इ	न	व
◌ौ	ण	व	स	ष	ट	थ	प	◌्	र	◌ो	ट	◌ी	न
आ	व	ख	◌ि	ठ	ढ	ए	◌्	ढ	छ	घ	ग	न	ड
ह	त	म	स	ष	न	ड	त	य	ए	द	ह	ऊ	◌ी
◌ा	◌्	य	ह	त	र	ल	प	द	◌ा	र	◌्	थ	भ
र	त	प	◌ु	ष	◌्	ट	◌ि	क	र	भ	◌ू	ख	ध
ह	◌ा	स	◌ं	त	◌ु	ल	◌ि	त	घ	र	छ	च	घ
ख	◌ा	द	◌्	य	ण	ठ	प	क	◌ै	ल	◌ो	र	◌ी
त	ट	ण	ट	छ	व	छ	प	◌ा	च	न	श	ह	व

कड़वा
भूख
कैलोरी
खाद्य
आहार
पाचन
संतुलित
किण्वन
सामग्री
तरल पदार्थ
चटनी
पुष्टिकर
वजन
प्रोटीन
गुणवत्ता
स्वाद
स्वस्थ
स्वास्थ्य
विष
विटामिन

36 - Disciplinas Científicas

ष	फ	य	ग	त	फ	भ	त	य	इ	छ	ठ	श	ज
त	◌ि	ञ	छ	छ	इ	◌ू	ऊ	आ	म	ब	भ	र	◌ी
य	ज	ख	न	◌ि	ज	व	◌ि	द	◌्	य	◌ा	◌ी	व
य	◌ि	थ	प	ध	न	◌ि	घ	ल	य	प	ष	र	र
भ	य	भ	छ	ध	ण	ज	ऊ	ए	◌ू	◌ु	◌ा	र	स
ञ	◌ो	प	ञ	न	ट	◌्	ट	ए	न	र	व	च	◌ा
प	ल	ठ	उ	त	श	ञ	य	स	◌ो	◌ा	◌ि	न	य
◌ो	◌ॉ	उ	ञ	प	छ	◌ा	व	ग	ल	त	ज	◌ा	न
ष	ज	उ	भ	श	ऊ	न	ढ	र	◌ॉ	त	◌्	र	ठ
ण	◌ी	ष	म	◌ौ	स	म	व	◌ि	ज	◌्	ञ	◌ा	न
न	य	◌ा	◌ं	त	◌्	र	◌ि	क	◌ी	व	◌ा	ऊ	श
म	न	◌ो	व	◌ि	ज	◌्	ञ	◌ा	न	व	न	ध	व
र	स	◌ा	य	न	व	◌ि	ज	◌्	ञ	◌ा	न	ख	त
भ	◌ौ	त	◌ि	क	व	◌ि	ज	◌्	ञ	◌ा	न	उ	ष

शरीर रचना
पुरातत्व
जीव रसायन
फिजियोलॉजी
भौतिक विज्ञान
भूविज्ञान
इम्यूनोलॉजी
भाषाविज्ञान
यांत्रिकी
मौसम विज्ञान
खनिज विद्या
पोषण
मनोविज्ञान
रसायन विज्ञान

37 - Meditação

ण	च	च	ष	ब	ड	छ	स	अ	म	त	च	ट	ल
इ	द	ए	प	क	ढ	य	◌्	व	ढ	◌ौ	आ	ख	इ
प	◌्	र	क	◌ृ	त	◌ि	व	ल	य	फ	न	ण	व
ग	थ	श	ब	त	प	ह	◌ी	◌ो	ठ	ग	व	स	म
त	न	◌ा	र	ज	घ	ल	क	क	ठ	ग	आ	भ	◌ा
◌ि	आ	◌ं	ढ	◌्	फ	इ	◌ृ	न	ध	◌्	य	◌ा	न
द	आ	त	फ	ञ	ब	म	त	भ	स	व	ण	व	स
य	य	◌ि	ध	त	छ	इ	◌ि	थ	◌ं	प	म	न	◌ि
◌ा	इ	◌ा	ब	◌ा	स	आ	ढ	व	ग	ज	द	◌ा	क
य	ट	ड	ल	व	◌ि	च	◌ा	र	◌ी	◌ा	त	ए	म
ष	द	छ	ह	◌ु	ढ	ग	घ	व	त	ग	घ	◌ँ	ठ
आ	द	त	◌े	◌ं	त	र	ब	य	न	ह	ख	व	थ
ढ	स	ऊ	श	भ	र	◌ा	उ	ल	य	ऊ	द	ड	ल
य	ब	न	स	◌्	प	ष	◌्	ट	त	◌ा	ह	ल	द

स्वीकृति
जाग
ध्यान
दयालुता
स्पष्टता
दया
भावनाएँ
कृतज्ञता
आदतें
मानसिक
मन
गति
संगीत
प्रकृति
अवलोकन
शांति
विचार
आसन
मौन

38 - Artes Visuais

च	ड	क	ष	ग	प	ट	ब	ध	ठ	स	व	ढ	प
ि◌	ब	ल	ऊ	ठ	◌े	आ	प	ड	ठ	◌्	◌ा	ए	र
त	क	◌ा	ख	द	◌ं	ण	ल	ग	र	ट	र	थ	ि◌
◌्	ल	क	ठ	त	स	◌्	व	◌ी	र	◌ै	◌्	उ	प
र	म	◌ा	आ	ऊ	ि◌	ष	द	ग	इ	◌ं	न	ध	◌्
क	◌ू	र	च	उ	ल	य	ख	फ	ध	स	ि◌	य	र
◌ा	र	य	च	ऊ	श	ट	थ	घ	ठ	ि◌	श	र	◌े
र	◌्	ष	ि◌	न	श	ष	ढ	ह	स	ल	द	छ	क
◌ी	त	ऊ	त	व	◌ा	स	◌्	त	◌ु	क	ल	◌ा	◌्
च	ि◌	त	◌्	र	घ	ड	म	ि◌	ट	◌्	ट	◌ी	ष
फ	क	ठ	र	ड	ध	ड	◌ो	ख	च	म	ण	श	◌्
स	ल	ष	फ	ि◌	ल	◌्	म	य	◌ा	प	श	ड	य
य	◌ा	च	ल	स	ठ	ग	त	ठ	क	क	◌ृ	त	ि◌
ख	न	छ	क	र	च	न	◌ा	त	◌्	म	क	त	◌ा

मिट्टी
वास्तुकला
कलाकार
कलम
चित्रफलक
मोम
रचना
रचनात्मकता
मूर्तिकला
स्टेंसिल
फिल्म
तस्वीर
चाक
पेंसिल
कृति
परिप्रेक्ष्य
चित्रकारी
चित्र
वार्निश

39 - Instrumentos Musicais

उ	ध	ठ	व	घ	ल	थ	प	ट	भ	प	ण	ठ	न
त	◌ु	र	ह	◌ौ	छ	न	◌ि	क	ब	◌ा	स	◌ू	न
ह	न	न	ब	ए	ण	ण	य	◌्	च	◌ै	घ	य	ट
ए	व	म	◌ा	ए	ख	◌ा	◌ा	क	ट	छ	◌ं	ण	प
त	फ	त	◌ं	ऊ	ड	ञ	न	र	ब	ह	ट	ज	भ
ष	ऊ	श	स	ल	फ	च	◌ो	स	ग	इ	◌ा	ल	◌ो
इ	त	ह	◌ु	य	ट	ग	न	◌ै	त	◌ि	छ	श	ण
ग	आ	न	र	ए	उ	आ	य	क	फ	छ	ट	भ	स
प	म	◌ा	◌ी	छ	न	ड	उ	◌्	प	ऊ	ब	◌ा	छ
ड	प	ई	घ	फ	ष	फ	ण	स	च	त	ख	प	र
व	◌ा	य	ल	◌ि	न	भ	ढ	◌ो	ल	द	ढ	आ	श
ऊ	ठ	ढ	व	र	फ	आ	र	फ	छ	त	भ	छ	ढ
र	फ	ढ	च	म	◌ै	◌ं	ड	◌ो	ल	◌ि	न	ह	ञ
न	य	ल	त	व	◌ा	य	ल	न	च	◌े	ल	◌ो	ल

मैंडोलिन
बैंजो
शहनाई
बासून
बांसुरी
घंटा
वीणा
डफ
टक्कर
पियानो
सैक्सोफोन
ढोल
तुरही
गिटार
वायलिन
वायलनचेलो

40 - Escola #1

स	श	◌ि	क	◌्	ष	क	ड	स	प	ड	भ	श	च
◌ं	ड	थ	ल	◌ु	ज	व	◌ा	ब	◌ु	आ	घ	श	त
ख	ठ	ञ	म	ड	र	र	द	◌ो	स	◌्	त	◌ो	◌ं
◌्	प	फ	◌़	◌ो	ल	◌्	ड	र	◌्	ख	ब	त	ए
य	र	आ	म	थ	य	ण	स	ध	त	ष	ऊ	व	च
◌ा	◌ी	र	इ	घ	द	म	ग	◌ी	क	ख	ध	थ	स
ए	क	न	घ	ड	ल	◌ा	छ	प	◌े	◌ं	स	◌ि	ल
◌ॅ	◌्	ध	भ	◌े	प	ल	स	द	◌ं	ए	थ	ड	ढ
ग	ष	ड	ण	स	थ	◌ा	ठ	च	म	त	व	य	र
क	◌ा	ग	ज	◌्	प	◌ु	स	◌्	त	क	◌ा	ल	य
थ	ष	ण	ए	क	ग	घ	ग	य	ठ	न	ण	च	ल
उ	र	◌ि	द	◌ो	प	ह	र	क	◌ा	भ	◌ो	ज	न
र	व	त	ग	ख	न	ग	ल	ध	ह	स	इ	ष	ड
प	◌्	र	श	◌्	न	◌ो	त	◌्	त	र	◌ी	फ	ठ

वर्णमाला
दोपहर का भोजन
दोस्तों
पुस्तकालय
कुर्सी
कलम
परीक्षा
पेंसिल
पुस्तकें
गणित
डेस्क
संख्याएँ
कागज
फ़ोल्डर
शिक्षक
प्रश्नोत्तरी
जवाब

41 - Adjetivos #2

ञ	ल	इ	ठ	प	ञ	ढ	छ	ऊ	ब	ह	ट	श	ग
न	य	◌ा	फ	उ	◌्	ड	ग	र	◌्	व	ठ	◌ु	द
ल	न	फ	ञ	प	◌्	र	स	◌ि	द	◌्	ध	द	◌ि
श	ड	प	ड	ह	च	ऊ	◌ा	स	ण	द	स	◌्	ल
व	र	च	न	◌ा	त	◌्	म	क	◌ा	व	ठ	ध	च
व	ष	उ	ग	र	म	ब	ड	व	◌ृ	ध	र	ट	स
◌ि	ल	त	म	द	श	य	र	ख	ण	त	◌ा	ड	◌्
श	प	त	घ	◌ि	त	न	म	क	◌ी	न	◌ि	र	प
◌्	ण	व	उ	य	श	आ	ज	त	छ	थ	न	क	ण
व	स	◌ू	ख	◌ा	ड	ण	ब	ठ	छ	इ	फ	ट	ज
स	◌ु	र	◌ु	च	◌ि	प	◌ू	र	◌्	ण	ध	ञ	◌ं
न	ण	त	ए	प	ए	उ	त	◌्	प	◌ा	द	क	ग
◌ी	त	ण	ऊ	स	◌्	व	स	◌्	थ	ञ	ण	ल	ल
य	ज	◌ि	म	◌्	म	◌े	द	◌ा	र	स	र	ढ	◌ी

विश्वसनीय
रचनात्मक
उपहार दिया
सुरुचिपूर्ण
प्रसिद्ध
मजबूत
दिलचस्प
प्राकृतिक
साधारण
नया
गर्व
उत्पादक
शुद्ध
गरम
जिम्मेदार
नमकीन
स्वस्थ
सूखा
जंगली

42 - Roupas

छ	म	ल	द	र	ष	य	य	ह	ण	र	ख	ख	ठ
स	◌ै	◌ं	ड	ल	स	प	स	ड	ट	ड	उ	ऊ	ढ
ज	स	◌्	क	र	◌्	ट	◌ो	ष	ल	त	ख	स	ड
◌ै	◌ू	ए	स	छ	व	प	फ	श	व	श	ख	उ	म
क	ज	त	ण	ध	◌े	ड	ट	म	◌ा	ब	र	म	द
◌े	◌ी	प	◌ा	इ	ट	आ	श	ह	आ	क	य	ध	स
ट	न	र	ट	स	र	ध	ड	त	ब	आ	ख	ष	◌्
ध	◌्	ब	छ	आ	म	य	ड	य	ऊ	ठ	द	ह	त
ग	स	◌े	आ	ढ	◌ो	श	प	◌ा	ज	◌ा	म	◌ा	◌ा
ब	◌्	ल	◌ा	उ	ज	म	◌ै	त	ए	प	◌्	र	न
ण	ध	◌्	क	ऊ	◌े	द	◌ं	फ	ध	भ	ऊ	फ	◌े
ब	ए	ट	ग	◌ं	भ	ढ	ट	क	म	◌ी	ज	◌ै	ड
क	◌ो	ट	ष	ढ	ग	द	ठ	ट	◌ो	प	◌ी	श	द
प	उ	इ	ञ	फ	न	न	य	स	ध	य	ब	न	द

एप्रन
ब्लाउज
पैंट
कमीज
कोट
टोपी
बेल्ट
हार
जैकेट
जीन्स
दस्ताने
मोजे
फैशन
पाजामा
कंगन
स्कर्ट
सैंडल
जूता
स्वेटर
पोशाक

43 - Herbalismo

घ	ल	ठ	प	ख	◌ु	श	ब	◌ू	द	◌ा	र	स	त
ध	ट	ह	य	म	छ	छ	ल	ग	त	आ	घ	◌्	ल
ब	न	क	स	◌ौ	◌ं	फ	ड	ड	फ	ण	ञ	व	ल
च	ड	◌ि	ग	◌ु	ण	व	त	◌्	त	◌ा	ऊ	◌ा	थ
व	आ	ए	य	ञ	न	फ	ढ	ण	ञ	ट	उ	द	अ
ब	प	◌ौ	ध	◌ा	छ	◌ू	ल	द	ट	न	त	ड	ज
ख	श	ण	त	ख	ऊ	ल	ड	ट	र	ब	ष	इ	व
त	◌ा	र	ग	◌ो	न	द	◌ौ	न	◌ी	ग	अ	ड	◌ा
ल	◌ा	भ	क	◌ा	र	◌ी	ह	प	थ	◌ी	ज	ष	य
ल	◌ै	व	◌े	◌ं	ड	र	र	य	र	च	म	श	न
त	◌ु	ल	स	◌ी	इ	ब	◌ा	छ	ह	◌ा	◌ो	च	त
म	ध	इ	र	व	ए	ढ	च	ह	ऊ	त	द	भ	ण
ल	घ	आ	ढ	ण	इ	ख	त	ट	ल	श	फ	स	भ
श	ऊ	ह	ह	इ	क	◌ु	ठ	र	◌ा	थ	ध	उ	ष

केसर
दौनी
लहसुन
खुशबूदार
लाभकारी
धनिया
तारगोन
फूल
सौंफ
घटक

बगीचा
लैवेंडर
तुलसी
कुठरा
पौधा
गुणवत्ता
स्वाद
अजमोद
अजवायन
हरा

44 - Frutas

श	न	य	ध	ध	ए	प	ख	च	स	◌े	ब	न	ब
स	फ	◌ा	द	ण	व	प	ब	◌े	र	◌ी	ठ	◌ा	◌्
छ	ल	◌़	र	च	थ	◌ी	ड	र	ड	ष	आ	र	ल
ट	अ	अं	त	◌ि	त	त	ट	◌ी	ट	स	ड	◌ं	◌ै
ख	न	◌ं	ब	◌ा	य	◌ा	र	स	भ	र	◌ी	ग	क
◌ु	न	ज	र	ऊ	ल	ल	ब	ब	उ	ए	त	◌ी	ब
ब	◌्	◌ी	अ	◌ं	ग	◌ू	र	न	उ	छ	ह	प	◌े
◌ा	न	र	प	ञ	आ	इ	व	घ	त	ट	द	स	र
न	◌ा	श	प	◌ा	त	◌ी	न	◌ी	◌ं	ब	◌ू	त	◌ी
◌ी	स	र	ग	र	ष	फ	ञ	ए	ध	छ	ञ	छ	म
ए	व	◌ो	क	◌ा	ड	◌ो	उ	त	म	आ	प	ए	य
ऊ	द	ख	क	◌ी	व	◌ी	आ	ड	◌़	◌ू	म	आ	ष
प	ढ	इ	प	च	ख	ढ	भ	ञ	द	क	◌े	ल	◌ा
थ	ट	ख	फ	र	ब	न	भ	श	ध	य	ए	उ	थ

एवोकाडो
अनन्नास
ब्लैकबेरी
बेरी
केला
चेरी
नारियल
खुबानी
अंजीर
रसभरी
कीवी
नारंगी
नींबू
सेब
पपीता
आम
शफ़तालू
नाशपाती
आड़
अंगूर

45 - Corpo Humano

ग	ठ	फ	र	ण	प	य	स	ए	आ	इ	ब	छ	ख
थ	र	च	ध	भ	फ	ब	न	ल	ड	ए	छ	ए	द
न	क	◌ो	ह	न	◌ी	द	◌ि	म	◌ा	ग	ख	ख	द
प	◌्	क	◌ा	न	ख	◌ि	म	त	◌्	व	च	◌ा	ष
न	त	इ	प	म	ध	ल	◌ा	श	श	आ	इ	उ	थ
ञ	न	भ	घ	म	त	न	थ	ज	उ	◌ं	ग	ल	◌ी
ट	◌ा	◌ं	ग	◌ु	ह	ख	◌ा	ल	ब	ख	भ	न	ष
ख	क	इ	व	◌ं	ट	◌ा	घ	ठ	◌ो	ड	◌़	◌ी	ष
न	◌ं	स	ष	ह	घ	न	थ	घ	र	न	◌़	ख	ध
◌े	ध	ट	त	इ	स	च	◌ा	ल	थ	भ	इ	◌ा	न
ड	◌ा	ह	ख	च	◌ि	ए	ढ	थ	म	ष	म	ढ	म
ढ	ष	स	प	ऊ	र	उ	द	च	द	र	ख	म	ण
स	ष	प	ऊ	च	ट	ञ	ग	र	◌्	द	न	ह	द
ह	द	प	ब	उ	ड	ऊ	ह	छ	ऊ	घ	भ	इ	म

मुँह
सिर
दिमाग
दिल
कोहनी
उंगली
घुटना
जबड़ा
हाथ
नाक

आंख
कंधा
कान
त्वचा
टांग
गर्दन
ठोड़ी
रक्त
माथा
टखने

46 - Restaurante #1

श	व	ऊ	आ	च	आ	र	क	◌्	ष	ण	ख	छ	ढ
द	प	म	◌ि	ठ	◌ा	ई	त	ष	र	ऊ	ज	ग	इ
ए	◌्	ह	व	य	क	क	ट	◌ो	र	◌ा	◌ा	र	ए
घ	ल	आ	◌े	थ	◌ॉ	ब	◌ू	व	आ	ग	◌ं	न	आ
ह	◌े	र	ट	आ	फ	च	ट	न	◌ी	य	च	◌ै	घ
छ	ट	स	◌्	ञ	◌़	ब	ऊ	आ	ग	ष	◌ी	प	ड
त	घ	◌ो	र	ज	◌ी	ड	ऊ	भ	ह	ठ	ढ	क	भ
ञ	स	ई	◌े	त	◌ी	द	छ	म	ष	र	भ	◌ि	ठ
म	ब	म	स	◌ा	ल	◌े	द	◌ा	र	◌ो	ए	न	ग
ठ	त	◌े	◌ा	ड	ल	श	ल	ब	व	ट	व	ह	ढ
ग	ठ	न	ञ	◌ं	ख	ए	इ	ह	उ	◌ी	य	ण	फ
ए	श	◌्	श	ग	स	◌ा	म	ग	◌्	र	◌ी	इ	उ
र	उ	य	उ	म	ल	त	ञ	ध	घ	आ	न	इ	ड
ष	थ	◌ू	ध	छ	च	◌ि	क	न	ब	ह	म	म	ठ

एलर्जी
कॉफ़ी
खजांची
मांस
रसोई
चाकू
चिकन
वेट्रेस
नैपकिन
सामग्री
मेन्यू
चटनी
रोटी
मसालेदार
प्लेट
आरक्षण
मिठाई
कटोरा

47 - Caminhada

प	◌ा	र	◌्	क	त	भ	ग	ए	प	ड	प	ड	ज
उ	ख	घ	छ	ण	ग	◌ा	इ	ड	ह	◌े	◌ा	श	ल
ज	◌ू	त	◌े	ख	ग	र	ब	उ	◌ा	र	न	त	व
◌ा	ढ	घ	र	ब	आ	◌ी	द	ऊ	ड	◌ा	◌ी	च	◌ा
न	स	ध	आ	◌ो	ड	ब	ण	य	◌़	ड	थ	फ	य
व	◌ू	ठ	श	ट	◌ं	ह	ण	न	ड	◌ा	क	त	◌ु
र	र	न	फ	च	ढ	त	प	थ	इ	ल	ग	◌ै	प
◌ो	◌्	इ	क	ट	ष	प	ठ	थ	ञ	न	य	य	◌्
◌ं	य	प	प	◌्	ख	ज	आ	ड	फ	◌ा	◌ा	◌ा	र
ष	ऊ	ए	छ	ट	श	भ	◌ं	प	त	◌्	थ	र	क
ढ	ऊ	छ	घ	◌ा	ए	◌ा	ग	ग	ड	ब	म	◌ी	◌ृ
इ	ब	ए	त	न	न	छ	च	ढ	ल	म	◌ौ	ह	त
अ	भ	◌ि	व	◌ि	न	◌्	य	◌ा	स	◌ी	स	श	◌ि
न	च	आ	ण	ग	न	छ	उ	र	ञ	त	म	म	ल

डेरा डालना
जानवरों
पानी
जूते
थक गया
जलवायु
गाइड
नक्शा
पहाड़
प्रकृति
अभिविन्यास
पार्क
पत्थर
चट्टान
खतरों
भारी
तैयारी
जंगली
सूर्य
मौसम

48 - Água

र	भ	र	श	ए	ष	थ	थ	ए	ढ	प	स	थ	ठ
भ	श	ड	ट	इ	ड	ह	द	ब	स	घ	◌ि	व	ग
ष	ल	ह	र	◌े	◌ं	ह	ञ	म	◌ौ	ड	◌ं	आ	ग
थ	ऊ	र	न	य	ढ	ब	ट	ड	ल	छ	च	त	छ
द	ऊ	ब	स	न	इ	य	म	उ	भ	म	◌ा	त	ब
ऊ	व	म	◌ा	न	स	◌ू	न	ट	ल	ल	ई	र	न
थ	ढ	ण	त	ढ	श	ञ	ए	ढ	ड	ष	इ	न	द
भ	य	ट	आ	य	◌़	फ	व	ध	श	ठ	◌ं	ढ	◌ी
न	स	◌ा	ग	र	ट	ठ	घ	ठ	झ	न	ढ	ए	न
व	म	इ	ब	व	◌ा	ष	◌्	प	◌ी	क	र	ण	ह
र	च	◌ौ	र	ट	श	म	ड	च	ल	फ	च	य	र
◌्	र	ऊ	◌्	भ	◌ा	प	उ	फ	ह	स	आ	द	ञ
ष	त	◌ू	फ	◌ा	न	ठ	उ	थ	फ	द	न	ध	घ
◌ा	आ	ष	ऊ	र	ड	श	ग	ऊ	थ	छ	श	ऊ	इ

नहर
वर्षा
बौछार
वाष्पीकरण
तूफान
ठंढ
बर्फ
बाढ़
सिंचाई
झील
मानसून
सागर
लहरें
नदी
नमी
भाप

49 - Ecologia

इ	म	छ	ए	प	श	◌ु	ढ	स	ल	द	आ	ध	र
ज	थ	श	श	उ	◌्	व	प	ड	द	ल	ण	ड	र
ल	ढ	छ	ण	प	द	र	◌ै	र	घ	द	उ	प	ण
व	◌ि	व	◌ि	ध	त	◌ा	ज	श	आ	ल	ग	ट	ण
◌ा	न	द	ञ	ख	इ	र	ट	◌ा	◌्	र	आ	न	ल
य	ल	स	◌ू	ख	◌ा	थ	◌ि	प	त	व	छ	ष	ए
◌ु	द	न	◌्	ध	फ	भ	क	◌्	ब	◌ि	◌ि	भ	च
ब	व	स	छ	प	ब	भ	◌ा	र	प	स	य	क	ख
न	ट	म	ह	ह	त	ठ	ऊ	◌ा	◌ौ	◌ं	ग	◌ा	फ
स	म	◌ु	द	◌ा	य	◌ि	ल	क	ध	स	य	स	◌ं
भ	ढ	द	ऊ	ड	फ	य	च	◌ृ	◌े	◌ा	आ	ब	ध
य	ए	◌्	ल	◌़	ड	स	ग	त	ल	ध	भ	ञ	म
द	य	र	म	◌ो	इ	प	ड	◌ि	ग	न	ठ	ढ	ग
छ	ल	◌ौ	उ	◌ं	प	◌्	र	क	◌ृ	त	◌ि	ड	ह

जलवायु
समुदाय
विविधता
प्रजातियां
पशु
वैश्विक
समुद्री
पहाड़ों
प्राकृतिक
प्रकृति
दलदल
पौधे
संसाधन
सूखा
टिकाऊ
वनस्पति

50 - Família

प	भ	◌ा	ई	ब	स	ष	ख	छ	ठ	च	◌ा	च	◌ा
◌ू	त	ब	ट	च	प	◌ि	त	◌ा	श	च	ठ	ब	ब
र	◌ी	◌ि	ल	◌्	उ	ऊ	ब	ल	ध	◌े	उ	च	फ
◌्	ज	ग	ण	च	ड	प	उ	प	व	र	र	प	ह
व	◌ा	श	ट	◌ा	म	ठ	◌ो	आ	ख	◌ा	ब	न	उ
ज	ष	र	ऊ	प	ञ	ख	छ	त	द	भ	घ	य	ह
च	ग	आ	ण	ब	च	◌्	च	◌े	◌ा	◌ा	ब	आ	ष
छ	◌ा	न	ए	◌े	ब	◌ी	व	◌ी	द	ई	स	य	ए
प	य	च	म	ट	श	ड	ञ	व	◌ी	ञ	ठ	भ	उ
न	न	ष	◌ी	◌ी	प	◌ै	त	◌ृ	क	म	◌ा	त	◌ृ
त	र	श	फ	ह	श	म	श	घ	त	फ	ष	◌ी	ठ
उ	द	ख	य	द	घ	श	भ	ण	ह	व	स	ज	श
ख	ण	य	म	◌ा	◌ं	ब	ह	न	स	म	प	◌ी	फ
ष	फ	आ	व	ढ	प	ट	ध	आ	ह	प	इ	फ	च

पूर्वज
दादी
बच्चा
बच्चे
बीवी
बेटी
बचपन
बहन
भाई
पति
मातृ
मां
पोता
पिता
पैतृक
चचेरा भाई
भतीजी
भतीजा
चाची
चाचा

51 - Férias #2

व	भ	◌ो	ज	न	◌ा	ल	य	ऊ	ऊ	स	ग	आ	ट
◌ि	स	ऊ	आ	अ	ह	ठ	प	न	ण	म	श	ए	ष
द	ड	प	र	◌ि	व	ह	न	ण	स	◌ु	य	प	घ
◌े	छ	◌ा	क	ष	◌ा	क	घ	उ	र	द	ए	ट	भ
श	आ	स	◌्	फ	ई	थ	◌ा	ग	व	◌्	ऊ	त	द
◌ी	ख	प	ष	इ	अ	ह	ञ	श	श	र	त	स	ह
ठ	ञ	◌ो	ण	द	ड	भ	◌ो	ग	◌ं	त	व	◌्	य
ह	इ	र	ञ	उ	◌्	च	ल	ट	द	ट	ञ	व	◌ा
ण	आ	◌्	न	ध	ड	ट	छ	व	ल	◌ै	ख	◌ी	त
य	श	ट	ड	म	◌ा	भ	◌ु	◌ी	ट	क	ण	र	◌्
प	ह	◌ा	ड	◌़	◌ो	◌ं	ट	ज	म	◌्	ञ	◌े	र
स	म	◌ु	द	◌्	र	न	◌्	◌ा	स	स	ध	◌ं	◌ा
त	◌ं	ब	◌ू	स	व	श	ट	ट	फ	◌ी	ष	श	थ
न	क	◌्	श	◌ा	ढ	च	◌ी	द	◌्	व	◌ी	प	ट

हवाई अड्डा
गंतव्य
विदेशी
छुट्टी
तस्वीरें
होटल
द्वीप
अवकाश
नक्शा
समुद्र

पहाड़ों
पासपोर्ट
समुद्र तट
आरक्षण
भोजनालय
टैक्सी
तंबू
परिवहन
यात्रा
वीजा

52 - Edifícios

स	अ	ख	ल	◌ि	ह	◌ा	न	स	त	थ	आ	व	र
◌ं	ख	स	◌्	क	◌ू	ल	त	◌ु	ठ	◌ं	प	ञ	ञ
ग	स	ल	◌्	इ	फ	म	ढ	प	ख	ह	ब	श	अ
◌्	◌ै	श	ण	प	व	घ	उ	र	ल	न	द	◌ू	प
र	ह	र	घ	ष	त	ब	च	म	◌ी	न	◌ा	र	◌ा
ह	व	व	◌े	ध	श	◌ा	ल	◌ा	ञ	स	ह	ठ	र
◌ा	व	इ	ख	ज	र	ध	ल	र	आ	◌ि	ख	घ	◌्
ल	द	◌ू	त	◌ा	व	◌ा	स	◌्	र	न	त	न	ट
य	क	◌ि	ल	◌ा	ड	छ	ठ	क	आ	◌े	भ	ठ	म
ढ	ष	थ	भ	ष	श	ऊ	ख	◌े	त	म	न	द	◌े
श	द	◌ि	च	द	य	ध	इ	ट	ग	◌ा	य	ह	◌ं
ष	व	ए	प	◌्	र	य	◌ो	ग	श	◌ा	ल	◌ा	ट
ह	◌ो	ट	ल	स	◌्	ट	◌े	ड	◌ि	य	म	र	च
र	ढ	र	फ	◌ै	क	◌्	ट	र	◌ी	ग	फ	ड	ग

अपार्टमेंट
किला
खलिहान
सिनेमा
दूतावास
स्कूल
स्टेडियम
खेत
फैक्टरी
गैरेज

अस्पताल
होटल
प्रयोगशाला
संग्रहालय
वेधशाला
सुपरमार्केट
थिएटर
तंबू
मीनार

53 - Praia

य	स	व	ण	ए	व	द	च	स	◌ू	र	◌्	य	द
क	◌े	क	ड	◌़	◌ा	◌्	न	ट	म	छ	ण	श	र
ल	ल	ठ	ड	न	व	व	◌ी	◌ा	◌्	◌ु	छ	द	ह
◌ै	ब	ब	ग	◌ो	द	◌ी	ल	छ	व	ट	द	र	र
ग	◌ो	ण	ढ	ब	घ	प	◌ा	◌ा	ब	ल	◌ा	◌्	ह
◌ू	ट	ख	भ	स	द	ह	ग	त	त	ट	श	न	र
न	फ	र	र	ध	द	ग	श	◌ा	म	आ	ड	ख	◌े
ढ	प	व	इ	स	ष	फ	ह	थ	म	ष	फ	ए	त
ख	थ	ञ	ञ	ऊ	स	स	ट	ड	स	ठ	द	म	◌ौ
प	छ	ञ	ड	भ	द	त	प	प	◌ा	घ	घ	ब	ल
ण	र	थ	ए	ग	ध	व	भ	फ	ग	न	स	आ	◌ि
त	प	ट	स	◌ै	◌ं	ड	ल	ए	र	ख	ड	ब	य
ब	ह	य	ट	श	आ	य	ध	ष	उ	न	ह	ढ	◌ा
त	द	न	भ	ण	उ	ट	त	ण	इ	इ	ड	ष	प

रेत
नीला
नाव
केकड़ा
तट
गोदी
छाता
द्वीप
लैगून
समुद्र
सागर
चट्टान
सैंडल
सूर्य
तौलिया
सेलबोट

54 - Ferramentas de Cozinha

ड	ज	र	प	फ	ब	छ	व	इ	ष	च	◌ा	क	◌ू
फ	◌ू	ब	ट	स	◌्	त	ह	फ	थ	फ	प	◌ा	ट
थ	स	आ	ऊ	◌्	फ	र	ए	ण	थ	उ	◌ि	◌ं	◌ो
घ	र	इ	त	ट	छ	त	◌ि	श	ष	थ	स	ट	स
ण	थ	◌्	ढ	◌ो	ण	प	त	ज	ग	ए	◌ा	◌ा	◌्
व	ञ	प	म	व	ढ	क	◌्	क	न	प	ई	य	ट
र	◌ं	ग	ख	◌ा	व	ड	म	ऊ	उ	ग	य	न	र
य	ष	क	प	च	म	क	◌ै	◌ं	च	◌ी	◌ं	ख	ह
ण	प	◌े	ढ	ढ	छ	◌ी	भ	फ	ओ	ह	त	ड	थ
भ	द	त	द	आ	ग	द	ट	ए	व	छ	◌्	द	ट
क	◌ो	ल	◌ं	ड	र	प	ढ	र	न	थ	र	र	व
आ	उ	◌ी	इ	प	र	च	ह	ए	द	च	ह	छ	श
ए	फ	भ	थ	ऊ	न	ख	च	म	◌्	म	च	ख	ल
छ	ल	ठ	भ	ऊ	उ	ड	र	ड	क	ट	ल	र	◌ी

केतली
कोलंडर
चम्मच
रंग
जूसर
चाकू
स्टोव
ओवन
कांटा
फ्रिज
पिसाई यंत्र
कटलरी
ढक्कन
थर्मामीटर
कैंची
टोस्टर

55 - Xadrez

थ	स	न	प	ब	न	छ	ऊ	प	छ	ब	प	फ	व
ढ	श	घ	स	ल	ि	न	ञ	त	ढ	ख	्	ग	ि
न	र	न	ग	ि	य	ल	च	म	भ	ब	र	प	र
ि	स	फ	े	द	म	ल	र	ण	न	ी	त	ि	ो
ष	थ	स	र	ा	न	ी	ध	व	घ	अ	ि	ब	ध
्	व	च	ु	न	ौ	त	ि	य	ो	ं	य	श	ी
क	ि	ब	ड	थ	ढ	फ	ञ	छ	ऊ	क	ो	ग	च
्	क	र	प	ट	ढ	ठ	च	ग	स	ा	ग	ख	ै
र	र	त	स	म	य	स	स	त	ध	ल	ि	ि	ं
ि	्	ा	ड	ड	ठ	त	ट	स	ञ	ा	त	ल	प
य	ण	च	ज	ण	भ	उ	स	ख	े	ल	ा	ा	ि
फ	द	फ	प	ा	फ	च	फ	न	च	ध	ख	ड	य
ट	ू	र	्	न	ा	म	े	ं	ट	र	ष	़	न
ट	ढ	ढ	ख	ग	र	घ	ट	प	ञ	ष	ण	ी	द

सफेद
चैंपियन
प्रतियोगिता
चुनौतियों
विकर्ण
रणनीति
खिलाड़ी
खेल
विरोधी
निष्क्रिय
अंक
काला
रानी
नियम
राजा
बलिदान
समय
टूर्नामेंट

56 - Aventura

ड	ए	ख	भ	त	फ	फ	प	ग	म	ह	थ	स	ग
च	उ	त	◌्	स	◌ा	ह	आ	◌्	ल	छ	फ	◌ु	◌ं
ध	◌ु	र	ष	ख	म	ढ	ध	ह	र	◌्	ष	◌ं	त
म	द	न	ञ	र	ध	न	छ	त	श	क	य	द	व
अ	◌ो	◌ा	◌ौ	ग	त	◌ि	व	◌ि	ध	◌ि	◌ृ	र	◌्
व	स	क	आ	त	◌ै	य	◌ा	र	◌ी	व	च	त	य
स	◌्	◌ा	ण	श	◌ि	स	◌ु	र	क	◌्	ष	◌ा	◌ि
र	त	ष	म	व	व	य	ढ	ट	ठ	भ	ठ	घ	य
च	◌ो	न	◌ौ	◌ा	घ	र	◌ो	म	◌ि	◌्	ट	म	◌ा
न	◌ं	ठ	क	प	न	म	ट	◌ं	न	र	घ	उ	त
ड	न	य	◌ा	ण	उ	◌्	घ	ड	◌ा	म	ह	इ	◌्
ठ	ऊ	व	◌ी	र	त	◌ा	य	भ	ई	ण	प	य	र
ध	घ	ग	प	थ	प	◌्	र	द	र	◌्	श	न	◌ा
स	घ	ऊ	ष	च	त	ष	ट	ऊ	ए	ध	ण	ध	ह

हर्ष
दोस्तों
गतिविधि
सुंदरता
वीरता
मौका
चुनौतियों
गंतव्य
कठिनाई
उत्साह
भ्रमण
असामान्य
प्रकृति
पथ प्रदर्शन
नया
अवसर
खतरनाक
तैयारी
सुरक्षा
यात्रा

57 - Surf

द	श	म	थ	ढ	आ	च	ड	र	स	छ	च	ग	छ
च	◌ु	प	◌े	ट	न	ख	◌ि	ल	◌ा	ड	◌़	◌ी	व
ट	र	ग	ग	त	◌ि	त	थ	उ	ग	ध	श	द	ऊ
◌्	◌ु	म	य	◌ा	ऊ	छ	आ	श	र	घ	श	ध	घ
ट	आ	भ	त	क	म	◌ौ	स	म	च	द	ट	ख	ब
◌ा	त	ष	ए	त	र	ल	ग	व	श	म	ए	च	ध
न	ठ	न	त	थ	र	◌ो	ऊ	त	फ	थ	ऊ	न	ञ
फ	थ	ट	च	घ	श	क	छ	न	य	ञ	फ	भ	इ
आ	◌ो	श	◌ै	ल	◌ी	प	छ	ञ	ल	र	ब	◌ी	ठ
त	स	म	◌ं	ब	ह	◌्	श	च	ञ	ध	त	ड	ऊ
स	व	ल	प	ए	य	र	ब	म	ष	त	ठ	◌़	र
ष	ए	व	◌ि	ह	म	◌ि	ह	र	ढ	ढ	ए	ञ	ण
ह	उ	घ	य	म	उ	य	स	स	श	उ	म	ख	ह
श	ण	ढ	न	स	म	◌ु	द	◌्	र	त	ट	ट	ध

खिलाड़ी
चैंपियन
फोम
शैली
पेट
चरम
ताकत
भीड़
सागर
लहर
लोकप्रिय
समुद्र तट
शुरुआत
गति
चट्टान
मौसम

58 - Floresta Tropical

व	◌ि	व	◌ि	ध	त	◌ा	र	ड	ख	य	ए	ह	प
◌ा	ठ	आ	स	◌ं	र	क	◌्	ष	ण	श	भ	द	◌्
न	च	ड	द	छ	उ	श	र	ण	घ	न	प	थ	र
स	त	म	क	र	त	छ	स	फ	ख	द	स	ल	ज
◌्	च	ट	◌ी	प	◌्	र	क	◌ृ	त	◌ि	म	स	◌ा
प	ख	ल	ड	ड	त	द	ग	ब	र	ठ	◌ु	◌्	त
त	त	प	◌़	र	र	य	इ	य	श	ञ	द	त	◌ि
◌ि	ढ	स	◌े	न	ज	उ	भ	य	च	र	◌ा	न	य
क	प	क	◌्	ष	◌ी	◌ं	ए	ढ	थ	ण	य	ध	◌ा
उ	र	श	इ	ढ	व	आ	ग	स	ब	ऊ	न	◌ा	◌ं
इ	न	य	ड	स	◌ि	ग	च	ल	◌ा	ढ	च	र	ऊ
ल	ग	ष	स	क	त	स	◌्	व	द	◌े	श	◌ी	फ
ग	ट	आ	ब	ह	◌ा	ल	◌ी	ज	ल	व	◌ा	य	◌ु
घ	घ	ञ	ट	इ	फ	ई	य	छ	प	स	ण	द	म

उभयचर
वानस्पतिक
जलवायु
समुदाय
विविधता
प्रजातियां
स्वदेशी
कीड़े
स्तनधारी
काई

प्रकृति
बादल
पक्षी
संरक्षण
शरण
आदर
बहाली
जंगल
उत्तरजीविता

59 - Cidade

श	य	ख	घ	ष	थ	क	न	त	म	ध	फ	थ	ठ
च	ढ	ख	घ	न	◌ि	◌्	स	ग	आ	ध	र	ब	त
ट	◌ि	ब	फ	ए	ए	ल	◌ि	◌ै	र	ञ	प	◌ा	फ
ख	ख	ड	फ	ब	ट	◌ि	न	ल	ल	भ	ख	ज	◌ू
ट	भ	भ	◌़	ग	र	न	◌े	र	उ	◌ू	म	◌ा	ल
ब	ण	इ	य	◌ि	व	◌ि	म	◌ी	ठ	र	न	र	व
◌े	◌ै	ख	ए	ख	य	क	◌ा	ठ	आ	स	ऊ	फ	◌ा
क	ह	◌ं	श	ह	व	◌ा	ई	अ	ड	◌्	ड	◌ा	ल
र	ट	ठ	क	◌ो	भ	ह	घ	स	ष	ठ	फ	र	◌ा
◌ी	भ	द	व	ट	व	स	य	र	श	स	त	◌्	ल
ठ	भ	य	प	ल	स	◌्	ट	◌े	ड	◌ि	य	म	थ
य	प	◌ु	स	◌्	त	क	◌ा	ल	य	उ	ष	◌े	उ
व	ए	आ	घ	ए	ह	◌ू	म	ड	ञ	ए	ञ	स	ख
व	भ	◌ो	ज	न	◌ा	ल	य	द	ए	ध	फ	◌ी	ह

हवाई अड्डा
बैंक
पुस्तकालय
सिनेमा
क्लिनिक
स्कूल
स्टेडियम
फार्मेसी
फूलवाला
गैलरी
होटल
चिड़ियाघर
बाजार
बेकरी
भोजनालय
सैलून
थिएटर

60 - Matemática

अ	स	◌ी	ध	◌ा	ध	थ	ठ	ष	स	ग	ढ	र	छ
◌ं	◌ं	◌ं	घ	ब	ब	ल	छ	आ	म	ग	ढ	ड	य
श	भ	क	ख	र	ख	ट	ब	उ	◌ा	आ	य	त	◌ो
घ	ड	◌ो	ग	◌्	द	च	श	ल	न	त	फ	ऊ	ग
व	प	ण	ह	ण	य	ज	◌्	य	◌ा	म	ि◌	त	ि◌
च	◌्	ऊ	श	ठ	ि◌	◌ा	स	ट	◌ं	ण	स	न	त
ध	र	य	ड	उ	त	त	ए	ट	त	आ	म	ध	◌्
ए	त	ए	◌ा	आ	य	त	न	◌ँ	र	स	◌ी	व	र
भ	ि◌	त	घ	स	ब	ह	◌ु	भ	◌ु	ज	क	र	ि◌
ग	प	स	म	र	◌ू	प	त	◌ा	आ	ल	र	◌्	ज
ग	◌ा	ढ	द	य	भ	च	भ	ए	ह	स	ण	ग	◌्
र	द	श	म	ल	व	स	इ	ष	ब	द	प	च	य
न	क	त	◌्	र	ि◌	क	◌ो	ण	प	ग	भ	भ	◌ा
ए	ड	प	र	ि◌	ध	ि◌	छ	म	य	ष	ए	इ	च

अंकगणित
कोण
परिधि
दशमलव
व्यास
समीकरण
प्रतिपादक
अंश
ज्यामिति
संख्याएँ
समानांतर
सीधा
बहुभुज
वर्ग
त्रिज्या
आयत
समरूपता
योग
त्रिकोण
आयतन

61 - Natureza

ग	घ	ए	म	ज	इ	ष	ख	इ	प	ल	ब	ञ	ग
अ	◌्	घ	फ	ध	◌ं	च	इ	ग	त	◌ि	श	◌ी	ल
भ	उ	ल	इ	ख	◌ु	ग	आ	र	◌्	क	ट	◌ि	क
य	ष	द	◌े	ल	ध	म	ल	ब	त	श	ह	न	ट
◌ा	◌्	न	स	श	थ	ध	क	◌ी	◌े	◌ा	प	◌ि	◌ा
र	ण	न	द	◌ी	◌ि	त	ठ	◌्	र	◌ं	म	र	व
ण	क	द	ब	ब	द	य	ए	प	ख	त	ग	◌्	ष
◌्	ट	ल	ज	◌ा	न	व	र	◌ो	◌ं	◌ि	ह	म	श
य	◌ि	न	च	द	ट	म	श	ण	श	प	य	ल	भ
ध	ब	श	र	ल	ख	ह	ख	प	आ	◌ू	च	◌ो	भ
ढ	◌ं	ध	स	श	ट	स	◌ु	◌ं	द	र	त	◌ा	◌ं
उ	ध	द	श	व	श	श	स	आ	श	◌्	र	य	इ
श	◌ी	ढ	ण	च	ट	थ	व	य	ह	ण	ट	त	न
ष	य	घ	ध	त	ऊ	त	न	क	◌ो	ह	र	◌ा	ह

मधुमाक्खियों
आश्रय
जानवरों
आर्कटिक
सुंदरता
गतिशील
कटाव
वन
पत्ते
ग्लेशियर
कोहरा
बादल
शांतिपूर्ण
नदी
अभयारण्य
जंगली
निर्मल
उष्णकटिबंधीय

62 - Preencher

ध	त	ढ	ख	ग	ट	र	र	ठ	ब	य	य	ठ	घ
ख	घ	ऊ	उ	ष	न	ग	ढ	त	ग	ॉ	ब	घ	ऊ
ष	ट	य	स	फ	ञ	ख	व	ण	ह	घ	क	ग	न
छ	फ	ष	ठ	ू	द	ढ	ए	ञ	द	भ	छ	्	न
ल	ब	ा	ल	्	ट	ी	प	र	ब	र	न	ह	स
ट	ो	क	र	ी	्	क	ब	ै	र	ल	ा	व	ल
ट	त	त	र	आ	य	त	े	फ	ठ	ण	फ	ज	ि
्	ल	ट	य	ए	ू	ण	त	स	ए	ञ	ू	े	फ
र	ए	द	ट	स	ब	च	ण	द	प	फ	ल	ब	ा
े	ठ	र	थ	ट	ध	न	ल	घ	ऊ	ठ	द	न	फ
ख	भ	प	ै	क	े	ट	ठ	आ	प	ञ	ा	ठ	ा
फ	़	ो	ल	्	ड	र	घ	ा	ट	ी	न	ध	न
न	ञ	ल	ा	ष	द	न	च	ठ	घ	घ	ञ	ण	फ
इ	फ	ष	थ	च	ण	ह	ध	फ	ञ	ए	भ	ब	र

घाटी
बाल्टी
ट्रे
बैरल
जेब
बॉक्स
टोकरी
लिफाफा
बोतल
दराज
सूटकेस
पैकेट
फ़ोल्डर
थैला
ट्यूब
फूलदान

63 - Animais de Estimação

इ	ष	न	ठ	थ	ञ	च	घ	ठ	ण	ऊ	भ	उ	प
ड	च	ष	छ	व	प	◌ू	◌ं	छ	ख	ठ	ध	क	श
क	◌ु	त	◌्	त	◌ा	ड	फ	च	र	न	ब	छ	◌ु
ध	य	स	◌ो	व	न	घ	इ	य	ष	घ	य	◌ु	च
ग	त	ड	ब	त	◌ी	न	ख	त	भ	ण	ष	आ	◌ि
र	ड	श	घ	ल	◌ा	छ	ब	व	ह	ल	ऊ	इ	क
म	छ	ल	◌ी	स	ब	◌ि	ल	◌्	ल	◌ी	द	र	◌ि
च	छ	ल	इ	ख	क	प	◌ं	ज	◌े	ध	ध	श	त
प	◌ू	य	प	य	र	ग	ट	प	ठ	इ	द	ख	◌्
य	ब	ह	ट	ऊ	◌ी	ग	व	घ	थ	छ	न	श	स
ल	स	ख	◌ा	श	प	◌ा	◌ो	ढ	श	भ	म	श	क
छ	◌ि	प	क	ल	◌ी	य	इ	श	इ	य	ण	ष	ञ
प	◌ि	ल	◌्	ल	◌ा	छ	र	ड	ध	ल	ठ	इ	द
ट	ल	न	ल	श	श	भ	क	◌ॉ	ल	र	इ	थ	ग

पानी
बकरी
पिल्ला
पूंछ
कुत्ता
खरगोश
कॉलर
पंजे

बिल्ली
छिपकली
चूहा
तोता
मछली
कछुआ
गाय
पशु चिकित्सक

64 - Escalada

ज	इ	ए	न	ऊ	ग	न	ख	न	ग	श	श	ग	ठ
उ	◌ि	छ	फ	क	ष	ध	ग	त	भ	ए	ब	ए	श
ड	ख	ज	ट	ल	◌्	श	◌ु	ख	आ	य	श	ख	र
ल	ट	र	◌्	फ	य	श	फ	प	च	ध	प	ष	त
ढ	फ	ञ	च	ञ	उ	व	◌ा	य	◌ु	म	◌ं	ड	ल
ज	◌ू	त	◌े	इ	◌ा	भ	ब	ग	न	व	य	स	व
भ	◌ू	भ	◌ा	ग	ध	स	श	◌ा	◌ौ	ष	फ	◌्	◌ि
द	स	◌्	त	◌ा	न	◌े	◌ा	इ	त	घ	फ	थ	श
ह	◌े	ल	म	◌े	ट	ए	र	ड	◌ि	च	थ	◌ि	◌े
ह	ऊ	◌ं	च	◌ा	ई	ष	◌ी	ए	य	स	य	र	ष
स	◌ं	क	◌ी	र	◌्	ण	र	ह	◌ो	त	न	त	ज
च	फ	द	स	ख	भ	ड	◌ि	र	◌ं	ट	◌ा	◌ा	◌्
द	ठ	ट	ए	आ	ष	ण	क	थ	च	त	व	क	ञ
छ	उ	श	ग	ब	ध	न	भ	ञ	ध	ऊ	र	छ	त

ऊंचाई
वायुमंडल
जूते
हेलमेट
गुफा
जिज्ञासा
चुनौतियों
विशेषज्ञ

स्थिरता
संकीर्ण
शारीरिक
ताकत
गाइड
दस्ताने
नक्शा
भूभाग

65 - Aviões

छ	व	ड	ड	ठ	ए	ञ	ष	ह	ध	थ	इ	ष	फ
क	ट	म	◌ौ	स	म	ण	य	प	च	आ	◌ं	न	ढ
◌्	ग	ध	द	ल	श	ऊ	ऊ	य	ठ	श	ज	घ	स
र	य	◌ु	इ	न	◌े	व	◌ि	ग	◌े	ट	न	ग	ट
◌ू	◌ा	आ	ब	छ	ह	◌ा	इ	ड	◌्	र	◌ो	ज	न
ब	त	ठ	क	◌्	ब	य	न	स	◌ा	ह	स	◌ि	क
ष	◌्	ए	व	◌ा	ब	◌ु	ल	◌ि	ण	ख	ध	ऊ	अ
प	र	ब	◌ं	प	श	◌ा	व	उ	र	व	ष	ऊ	व
ख	◌ी	ख	श	ट	ह	ऊ	र	प	भ	◌्	ए	◌ं	त
ई	◌ं	ध	न	इ	त	◌ि	ह	◌ा	स	ऊ	म	च	र
व	◌ा	य	◌ु	म	◌ं	ड	ल	य	फ	थ	न	◌ा	ण
अ	श	◌ा	◌ं	त	◌ि	म	न	ल	व	ह	ग	ई	ण
प	थ	द	ष	घ	ट	छ	ट	ट	व	व	प	फ	ब
द	◌ि	श	◌ा	त	ण	आ	ण	थ	न	फ	ञ	ठ	ह

ऊंचाई
वायु
अवतरण
वायुमंडल
साहसिक
गुब्बारा
आकाश
ईंधन
निर्माण
वंश
दिशा
हाइड्रोजन
इतिहास
इंजन
नेविगेट
यात्री
पायलट
मौसम
क्रू
अशांति

66 - Tipos de Cabelo

च	ट	क	ञ	ध	भ	ठ	स	ढ	घ	र	उ	न	ऊ
◌ा	न	र	म	◌ू	र	च	ब	ग	◌ु	थ	ए	भ	स
◌ँ	द	◌्	ण	स	ख	म	ण	द	◌ं	ऊ	व	◌ू	न
द	ब	ल	ल	र	ह	ष	◌ो	र	घ	ग	◌ो	र	◌ा
◌ी	थ	ट	ह	ए	च	ह	ल	ट	र	◌ं	ऊ	◌ा	त
ञ	र	ब	र	घ	ड	थ	फ	ञ	◌ा	ज	क	क	उ
य	ऊ	उ	◌ा	र	◌ं	ग	◌ी	न	ल	◌ा	म	◌ा	न
फ	इ	प	त	ल	◌ा	ख	स	फ	◌े	द	फ	ल	उ
ढ	ण	त	◌ी	उ	स	ल	◌ू	◌्	व	छ	फ	◌ा	ट
ग	थ	इ	म	त	घ	ए	ख	ब	व	ग	ए	श	ल
ठ	ऊ	ञ	च	म	क	द	◌ा	र	प	स	घ	ह	◌ं
भ	द	आ	न	ब	इ	घ	फ	र	ग	म	◌्	द	ब
ट	ष	उ	श	च	ञ	भ	इ	स	स	य	ढ	थ	◌ा
न	छ	ढ	प	ष	घ	त	श	घ	ढ	च	थ	ऊ	ध

सफेद
चमकदार
कर्ल
गंजा
धूसर
रंगीन
कम
घुंघराले
पतला
मोटा
गोरा
लंबा
भूरा
लहराती
चाँदी
काला
स्वस्थ
सूखा
नरम
लट

67 - Formas

य	च	◌ा	प	स	ड	थ	च	ऊ	घ	प	ञ	ल	स
श	◌ं	क	◌ु	◌ि	◌ि	इ	फ	ढ	ट	क	◌ा	न	◌े
व	क	◌्	र	म	र	ल	इ	ल	ष	◌्	ण	प	ऊ
र	ञ	य	◌े	थ	भ	◌ा	◌े	द	ट	ष	छ	ए	प
◌्	ब	ख	ख	प	द	थ	म	◌ं	इ	म	उ	ए	◌्
ग	न	प	◌ा	थ	ट	ल	ठ	◌ि	ड	फ	ढ	ञ	र
त	◌्	र	◌ि	क	◌ो	ण	भ	व	ड	र	आ	आ	◌ि
फ	व	फ	घ	ह	ख	ग	च	व	उ	ढ	छ	य	ज
व	उ	ल	द	◌ी	र	◌्	घ	व	◌ृ	त	◌्	त	◌्
श	व	उ	आ	ञ	ञ	च	न	◌ृ	ह	छ	ख	ढ	म
ण	ब	ह	◌ु	भ	◌ु	ज	ह	त	ट	ल	ह	द	श
ट	ए	य	ण	स	श	च	म	◌्	ख	ठ	ब	ष	ब
अ	◌ं	ड	◌ा	क	◌ा	र	च	त	ब	स	च	ह	च
ल	ध	ढ	ट	द	र	य	ए	स	ब	ऊ	ठ	र	ध

चाप
कोने
सिलेंडर
वृत्त
शंकु
घन
वक्र
दीर्घवृत्त
पक्ष
रेखा
अंडाकार
पिरामिड
बहुभुज
प्रिज्म
वर्ग
आयत
त्रिकोण

68 - Dias e Meses

भ	श	ज	ज	आ	ण	क	स	◌ो	म	व	◌ा	र	ञ
स	छ	न	◌ु	आ	ब	◌ै	ढ	न	व	◌ं	ब	र	द
◌ि	फ	व	ल	द	श	ल	ऊ	प	ब	न	ष	य	◌ि
त	ज	र	◌ा	ल	न	◌े	न	अ	ग	स	◌्	त	स
◌ं	◌ू	◌ी	ई	ए	◌ि	◌ं	त	प	श	ड	ञ	म	◌ं
ब	न	र	ढ	प	व	ड	व	◌्	◌ु	द	आ	◌ं	ब
र	म	ह	◌ी	न	◌ा	र	ग	र	क	न	ष	ग	र
द	व	ऊ	स	प	र	त	◌ु	◌ै	◌्	य	स	ल	ऊ
ध	छ	◌ि	न	स	य	प	र	ल	र	ष	प	व	थ
ब	थ	ठ	व	ए	प	प	◌ू	र	व	ध	◌्	◌ा	ख
स	म	स	श	◌ा	छ	र	व	ढ	◌ा	थ	त	र	ञ
फ	र	व	र	◌ी	र	च	◌ा	थ	र	त	◌ा	फ	ट
ग	छ	भ	ण	ट	ण	ञ	र	च	ढ	ष	ह	ध	इ
उ	ब	आ	च	ठ	अ	क	◌्	ट	◌ू	ब	र	फ	य

अप्रैल
अगस्त
वर्ष
कैलेंडर
दिसंबर
रविवार
फरवरी
जनवरी
जुलाई
जून
महीना
नवंबर
अक्टूबर
गुरूवार
शनिवार
सोमवार
सप्ताह
सितंबर
शुक्रवार
मंगलवार

69 - Geografia

उ	ब	त	ए	ए	ड	ठ	र	ठ	आ	च	द	ग	अ
थ	त	म	न	ट	ठ	ट	थ	छ	ण	फ	य	◌ा	क
द	ब	◌्	ह	फ	ल	ण	आ	ए	द	इ	ध	ल	◌्
◌े	◌ु	ट	त	द	श	स	म	◌ु	द	◌्	र	◌ा	ष
श	न	न	ह	र	ह	थ	र	घ	◌्	ढ	ब	र	◌ा
◌ा	ल	इ	◌ि	य	र	ण	च	म	व	य	द	◌्	◌ं
न	च	प	ब	य	ठ	ग	ए	ह	◌ी	म	फ	ध	श
◌्	द	ऊ	◌ं	च	◌ा	ई	ऊ	ख	प	ह	◌ा	ड	◌़
त	म	ध	◌्	य	◌ा	ह	◌्	न	द	◌ा	र	द	ए
र	न	क	◌्	श	◌ा	स	र	ब	◌े	द	ऊ	ग	इ
ष	द	क	◌्	ष	◌ि	ण	श	प	श	◌्	च	◌ि	म
उ	ख	च	ए	आ	ठ	ग	उ	म	ट	व	प	ध	इ
र	न	न	म	आ	स	स	◌ा	ग	र	◌ी	ऊ	प	ल
क	◌्	ष	◌े	त	◌्	र	न	द	◌ी	प	य	ब	ऊ

ऊंचाई
एटलस
शहर
महाद्वीप
गोलार्ध
द्वीप
अक्षांश
देशान्तर
नक्शा
समुद्र
मध्याह्न
पहाड़
दुनिया
उत्तर
सागर
पश्चिम
देश
नदी
दक्षिण
क्षेत्र

70 - Antártica

त	श	◌ो	ध	क	र	◌्	त	◌ा	ख	न	घ	व	ट
◌ा	म	स	न	त	व	ञ	प	◌े	◌ं	ग	◌ु	इ	न
प	ह	◌ं	ग	द	ब	प	थ	र	◌ी	ल	◌ा	ब	ण
म	◌ा	र	प	◌्	र	व	◌ा	स	भ	◌ू	ग	◌ो	ल
◌ा	द	क	र	व	◌्	◌ै	ए	उ	स	ड	ञ	प	ए
न	◌्	◌्	◌्	◌ी	फ	ज	ख	र	◌्	ड	ग	◌्	ल
प	व	ष	य	प	प	◌्	ह	भ	थ	ए	ल	र	ध
च	◌ी	ण	◌ा	स	ष	ञ	◌ि	त	ल	ध	ए	◌ा	ट
अ	प	भ	व	म	फ	◌ा	म	व	◌ा	ह	त	य	ञ
न	भ	आ	र	◌ू	द	न	न	र	क	ए	न	द	उ
ऊ	ध	◌ि	ण	ह	ढ	◌ि	द	ह	◌ृ	थ	च	◌्	थ
ऊ	च	घ	य	ख	च	क	क	प	त	त	ए	व	घ
न	ञ	प	प	◌ा	न	◌ी	ठ	◌ो	◌ि	ब	ढ	◌ी	थ
ह	ए	प	छ	ख	न	◌ि	ज	र	व	थ	◌े	प	य

पर्यावरण
पानी
बे
वैज्ञानिक
संरक्षण
महाद्वीप
कोव
अभियान
हिमनद
बर्फ
भूगोल
द्वीप समूह
शोधकर्ता
प्रवास
खनिज
प्रायद्वीप
पेंगुइन
पथरीला
तापमान
स्थलाकृति

71 - Flores

च	प	र	◌ा	स	◌ी	न	प	आ	य	ट	ग	ए	छ
ल	◌्	ल	◌ै	व	◌े	◌ं	ड	र	ड	म	◌ा	थ	आ
◌ि	ल	स	प	त	त	श	ऊ	◌्	न	◌ै	र	ध	स
ल	◌ू	◌ू	ल	◌ो	फ	ड	व	क	◌्	ग	◌्	थ	प
◌ी	म	र	ग	प	स	इ	म	◌ि	ड	न	ड	थ	ब
ड	◌े	ज	◌़	◌ी	थ	◌्	ध	ड	◌े	◌ो	◌े	श	य
ड	र	म	ऊ	ग	प	ए	त	भ	ल	ल	न	आ	र
इ	◌ि	◌ु	ह	◌ु	छ	त	म	◌ा	◌ि	◌ि	◌ि	ष	स
थ	य	ख	इ	ल	म	घ	◌्	आ	अ	य	य	ऊ	च
ह	◌ा	◌ी	ब	द	द	फ	ग	त	न	◌ा	◌ा	न	म
ह	◌ि	ब	◌ि	स	◌्	क	◌ु	स	◌ी	न	म	ठ	◌े
छ	घ	स	ट	◌्	य	◌ू	ल	◌ि	प	ध	◌्	छ	ल
ख	द	ण	म	त	स	ए	◌ा	प	त	म	त	द	◌ी
ग	थ	फ	स	◌ा	ढ	ढ	ब	श	ख	ग	ग	त	द

गुलदस्ता
डन्डेलिअन
गार्डेनिया
सूरजमुखी
हिबिस्कुस
चमेली
लैवेंडर
लिली
मैगनोलिया
डेज़ी
आर्किड
पोस्ता
चपरासी
पत्ती
प्लूमेरिया
गुलाब
आनन्द
ट्यूलिप

72 - Fazenda #1

म	ग	त	ऊ	उ	व	त	ध	क	◌ृ	ष	◌ि	ग	ब
प	ध	ञ	ख	ष	ऊ	घ	य	◌ौ	आ	य	ख	◌ा	◌ा
झ	◌ा	◌ु	ह	त	उ	◌ा	र	आ	छ	ए	ह	य	ड
ट	◌ु	र	म	ए	त	स	ग	श	र	इ	ञ	थ	◌़
इ	ष	◌ं	भ	क	घ	◌ो	ड	◌़	◌ा	स	◌ू	अ	र
ट	य	उ	ड	◌ु	◌्	उ	ह	ल	ढ	ह	ड	आ	स
उ	न	त	च	त	ल	ख	ब	छ	ड	◌़	◌ा	ध	ब
ध	र	स	ब	◌्	ड	◌े	◌ी	द	स	फ	ड	ञ	◌ि
ध	त	◌्	भ	त	ण	त	श	ण	व	उ	ठ	आ	ल
र	ड	श	व	◌ा	ग	आ	ह	च	म	ञ	र	च	◌्
च	ह	म	प	र	भ	ञ	द	व	ऊ	फ	ठ	◌ि	ल
◌ा	न	न	◌ा	आ	क	म	ढ	घ	फ	उ	ख	क	◌ी
व	र	भ	न	ण	प	ह	ऊ	ब	क	र	◌ी	न	प
ल	छ	ध	◌ी	व	ण	ध	व	च	ठ	द	ब	ग	ठ

मधुमक्खी
कृषि
चावल
पानी
बछड़ा
गधा
बकरी
खेत
घोड़ा
कुत्ता
बाड़
कौआ
घास
उर्वरक
चिकन
बिल्ली
शहद
सूअर
झुंड
गाय

73 - Livros

भ	द	द	ण	च	प	छ	क	थ	◌ा	व	◌ा	च	क
फ	◌्	◌ु	च	ञ	ए	स	स	◌ं	ग	◌्	र	ह	ह
ष	व	ख	ए	च	ग	श	◌ं	ऊ	द	ष	आ	ग	◌ा
त	◌ं	द	ह	द	फ	त	घ	द	ञ	ञ	च	प	न
व	द	न	स	प	◌ृ	ष	◌्	ठ	र	ल	ढ	श	◌ी
ट	◌्	ख	◌ा	ण	◌्	च	म	स	ख	◌्	प	घ	ऐ
उ	व	ब	ह	ग	स	र	ह	◌ा	आ	व	भ	फ	त
च	प	ग	◌ि	च	थ	◌ि	◌ा	ह	श	ह	ऊ	ध	◌ि
क	भ	न	त	उ	ट	त	क	स	◌ृ	न	ल	ल	ह
व	ह	छ	◌्	आ	ञ	◌्	◌ा	◌ि	◌ं	आ	◌ि	घ	◌ा
◌ि	ह	उ	य	य	प	र	व	क	ख	ग	ख	ढ	स
त	स	ग	◌ि	ब	◌ा	उ	◌्	ट	ल	न	◌ि	र	◌ि
◌ा	ह	ह	क	घ	ठ	स	य	ऊ	◌ा	ञ	त	क	क
आ	व	◌ि	ष	◌्	क	◌ा	र	श	◌ी	ल	◌े	ख	क

लेखक
साहसिक
संग्रह
संदर्भ
द्वंद्व
लिखित
महाकाव्य
कहानी
ऐतिहासिक
आविष्कारशील
पाठक
साहित्यिक
कथावाचक
पृष्ठ
चरित्र
कविता
प्रासंगिक
उपन्यास
श्रृंखला
दुखद

74 - Chocolate

ठ	घ	ट	क	ल	क	द	फ	म	क	ड	◌़	व	◌ा
च	ल	स	◌ो	इ	◌ु	भ	फ	◌ू	प	ण	त	ब	ढ
न	◌ौ	घ	क	प	ट	ध	इ	◌ं	स	◌्	च	घ	घ
◌ा	ऊ	न	◌ो	ऊ	◌ी	ग	व	ग	◌्	ढ	र	व	द
र	द	ढ	◌ी	स	र	◌ु	म	फ	व	◌ि	ध	◌ि	ट
◌ि	फ	ख	ख	◌ु	◌्	ण	◌ि	ल	◌ा	ल	उ	द	य
य	र	र	उ	ग	ब	व	ठ	◌ी	द	ठ	ख	◌े	म
ल	ल	ठ	ष	◌ं	व	त	◌ा	ए	◌ि	म	त	श	श
इ	ञ	न	ठ	ध	ठ	◌्	ई	द	ष	च	त	◌ी	ए
प	◌ा	उ	ड	र	ड	त	थ	व	◌्	इ	ग	प	च
ध	ट	ठ	ण	ब	इ	◌ा	ढ	आ	ट	घ	ण	ह	ढ
क	◌ै	ल	◌ो	र	◌ी	ध	ल	ग	इ	च	ब	ट	ढ
फ	च	फ	ट	ख	ड	न	आ	आ	भ	ण	च	भ	ढ
ए	◌ं	ट	◌ी	ऑ	क	◌्	स	◌ी	ड	◌े	◌ं	ट	ढ

चीनी
कड़वा
मूंगफली
एंटीऑक्सीडेंट
सुगंध
कुटीर
कोको
कैलोरी
नारियल

स्वादिष्ट
मिठाई
विदेशी
प्रिय
स्वाद
घटक
पाउडर
गुणवत्ता
विधि

75 - Profissões #2

फ	श	भ	ऊ	ख	च	◌ि	क	◌ि	त	◌्	स	क	च
ज	◌ो	क	◌ि	स	◌ा	न	थ	ब	भ	ट	उ	आ	◌ि
◌ी	ध	ट	आ	ख	र	ट	ब	ह	भ	ष	घ	व	त
व	क	प	◌ो	य	छ	भ	ब	◌ु	आ	ट	ख	◌ि	◌्
व	र	स	द	ग	इ	उ	प	भ	प	फ	छ	ष	र
◌ि	◌्	र	ए	◌ा	◌्	◌ं	प	◌ा	य	ल	ट	◌्	क
ज	त	प	ड	व	र	र	ज	ष	न	ष	म	क	◌ा
◌्	◌ा	त	ऊ	फ	फ	◌्	◌ा	◌ी	ह	म	र	◌ा	र
ञ	आ	◌्	ध	ढ	ट	इ	श	फ	न	छ	आ	र	स
◌ा	ढ	र	म	◌ा	ल	◌ी	◌ि	न	र	◌ि	ट	क	म
न	ण	क	उ	ब	ब	भ	क	ल	◌ि	छ	य	ए	र
◌ी	ज	◌ा	स	◌ू	स	ल	◌्	म	न	क	ल	र	छ
फ	ञ	र	ह	य	भ	घ	ष	स	र	◌्	ज	न	म
ल	छ	द	◌ं	त	च	◌ि	क	◌ि	त	◌्	स	क	इ

किसान
जीवविज्ञानी
सर्जन
दंत चिकित्सक
जासूस
इंजीनियर
दार्शनिक
फोटोग्राफर
आविष्कारक
शोधकता
माली
पत्रकार
बहुभाषी
चिकित्सक
पायलट
चित्रकार
शिक्षक

76 - Fazenda #2

ऊ	ढ	घ	प	ब	त	ख	फ	य	इ	म	ण	आ	ड
फ	ख	फ	स	ञ	ण	ल	त	र	ग	◌े	ह	◌ू	◌ॅ
ल	ल	ज	◌ौ	र	ध	◌ि	◌ा	ग	ग	म	ष	ञ	ल
द	ड	◌ो	भ	ढ	न	ह	ठ	म	उ	न	ष	त	ञ
घ	ट	ठ	द	ड	ए	◌ा	उ	व	◌ा	◌ा	द	◌ू	ध
ट	च	ष	ण	◌्	व	न	प	क	◌ा	ह	◌ु	आ	स
त	◌्	उ	र	भ	य	ह	म	फ	ज	ठ	द	ए	◌ि
न	च	र	व	◌ा	ह	◌ा	स	ढ	◌ा	ठ	ख	आ	◌ं
व	फ	उ	◌ै	छ	उ	ह	न	स	न	ड	ख	र	च
त	न	प	ऊ	क	ष	ञ	न	ध	व	भ	ब	छ	◌ा
क	◌ि	स	◌ा	न	◌्	ढ	भ	स	र	◌े	आ	र	ई
ठ	द	त	ढ	स	न	ट	च	ब	◌ो	ड	ड	ञ	इ
स	ब	◌्	ज	◌ी	त	श	र	प	◌ं	◌़	ब	त	ग
प	प	च	श	द	म	क	ई	फ	ल	न	ख	ह	प

किसान
जानवरों
खलिहान
जौ
मेमना
फल
सिंचाई
दूध
लामा
पका हुआ
मकई
भेड़
चरवाहा
बतख
फलोद्यान
ट्रैक्टर
गेहूँ
सब्जी

77 - Jardim

फ	ल	◌ो	द	◌्	य	◌ा	न	ब	◌े	◌ं	च	य	प
स	उ	व	ण	न	भ	ट	ट	र	घ	◌ा	स	ड	◌े
व	ष	थ	छ	म	भ	ख	◌्	◌ा	र	ब	◌ु	श	ड
ग	◌ै	र	◌े	ज	◌ा	छ	र	म	◌े	ग	छ	ब	◌़
थ	प	प	ऊ	य	आ	त	◌े	द	क	◌ी	च	◌े	ट
इ	म	त	उ	म	इ	ठ	म	◌ा	प	च	आ	ल	र
प	फ	◌ा	व	ड	◌़	◌ा	◌्	य	द	◌ा	फ	ण	ष
स	◌ू	ल	छ	म	भ	य	प	ब	र	थ	ख	घ	च
आ	ल	◌ा	च	ऊ	ह	ड	◌ो	भ	◌ा	भ	छ	य	य
ब	ब	ब	झ	◌ू	ल	◌ा	ल	द	ढ	ड	च	उ	ड
उ	व	य	ए	घ	ड	◌ॉ	◌ि	आ	इ	द	◌़	ध	भ
घ	ड	ण	घ	थ	त	ध	न	ढ	य	त	ग	ह	आ
ध	र	य	म	ल	थ	स	ल	ह	इ	ग	ल	य	ख
श	ष	ड	प	घ	ढ	इ	◌ो	ञ	फ	च	आ	स	आ

रेक
बुश
पेड़
बेंच
बाड़
मातम
फूल
गैरेज
घास
लॉन
बगीचा
तालाब
झूला
नली
फावड़ा
फलोद्यान
छत
ट्रेम्पोलिन
बरामदा
बेल

78 - Oceano

ऑ	व	ड	थ	घ	ल	ध	ड	ल	घ	थ	म	झ	छ
क	थ	ड	ऊ	ध	उ	ल	द	व	ठ	छ	न	◌ी	ऊ
◌्	घ	ल	ध	प	य	ण	न	म	क	ढ	ह	◌ं	न
ट	ब	र	न	भ	न	ध	उ	◌ू	छ	उ	च	ग	श
◌ो	ड	थ	श	घ	उ	स	श	◌ं	म	ल	घ	◌ा	ण
प	य	ठ	ढ	ए	ऊ	ञ	ञ	ग	ग	ष	◌ी	भ	त
स	च	च	उ	न	छ	ऊ	ष	◌ा	ट	◌ू	न	◌ा	ड
ज	ट	म	ब	ध	ण	क	◌े	क	ड	◌़	◌ा	श	◌ॉ
स	◌्	श	आ	ध	ल	व	छ	त	श	◌ै	व	◌ा	ल
◌्	ट	व	द	प	ह	य	उ	◌ु	त	ब	◌्	र	◌्
प	◌ा	भ	◌ा	ण	र	स	◌ी	प	आ	भ	ह	◌्	फ
◌ं	न	आ	द	र	◌े	ट	ठ	च	◌ं	ड	◌े	क	◌ि
ज	इ	ऊ	ख	म	◌ं	थ	ल	ध	ध	छ	ल	ष	न
ज	◌े	ल	◌ि	फ	◌़	◌ि	श	थ	◌ी	त	ण	ष	ञ

शैवाल	जेलीफ़िश
टूना	लहरें
व्हेल	सीप
नाव	मछली
झींगा	ऑक्टोपस
केकड़ा	चट्टान
मूंगा	नमक
स्पंज	कछुआ
डॉल्फ़िन	आंधी
ज्वार	शार्क

79 - Profissões #1

च	ञ	प	म	श	ि	क	ा	र	ी	फ	व	ष	ख
ह	र	ि	न	ल	स	ा	ज	़	थ	ा	ै	श	ग
ट	ा	य	ो	ड	ष	भ	छ	न	स	य	ज	आ	ो
म	ज	ा	व	आ	घ	ू	भ	श	ं	र	्	र	ल
ा	द	न	ै	ड	त	व	ख	स	ग	फ	ञ	ऊ	व
न	ू	ो	ज	ख	च	ि	ण	ट	ी	ा	ा	न	ि
च	त	व	्	ख	म	ज	फ	भ	त	इ	न	र	ज
ि	ढ	ा	ञ	भ	न	्	ौ	श	क	ट	ि	्	्
त	ख	द	ा	इ	छ	ञ	छ	ह	ा	र	क	त	ञ
्	त	क	न	श	म	ा	न	न	र	्	स	क	ा
र	य	ए	ि	ष	ब	न	ग	ा	ख	ी	थ	ी	न
क	ल	ा	क	ा	र	ी	ऊ	व	क	ी	ल	ख	ी
ा	स	ं	प	ा	द	क	न	ि	त	ग	ण	म	द
र	द	ण	फ	ठ	ब	ै	ं	क	र	ग	फ	ऊ	ण

वकील
कलाकार
खगोल विज्ञानी
बैंकर
फायर फाइटर
शिकारी
मानचित्रकार
वैज्ञानिक
नर्तकी
संपादक
राजदूत
नलसाज़
नर्स
भूविज्ञानी
जौहरी
नाविक
संगीतकार
पियानोवादक
मनोवैज्ञानिक

80 - Campeonato

छ	य	ग	क	◌ो	च	व	◌ि	ज	य	ट	आ	भ	थ
श	श	य	श	त	◌ै	ड	भ	न	ञ	◌ी	म	ठ	ख
ख	◌े	ल	त	छ	◌ं	ह	ध	◌्	ठ	म	ध	इ	फ
च	प	आ	ट	द	प	फ	घ	य	प	उ	ण	ए	श
आ	◌ै	◌्	◌ू	त	◌ि	उ	ड	◌ा	◌्	प	थ	च	च
च	ण	म	र	ख	य	श	ग	य	र	उ	द	द	ख
ठ	भ	घ	◌्	◌े	न	ह	उ	◌ा	द	द	न	क	ह
म	ट	ग	न	प	र	न	य	ध	र	ल	◌ी	ग	ष
ब	इ	ह	◌ा	ड	◌ि	ण	ण	◌ी	◌्	न	ए	ह	ष
फ	ण	र	म	म	श	य	◌ा	श	श	स	ह	न	य
ण	इ	ठ	◌े	फ	◌ा	इ	न	ल	न	ध	व	उ	ग
ठ	च	ल	◌ं	घ	य	ब	ख	श	भ	ठ	त	ठ	ब
म	ण	ण	ट	र	ण	न	◌ी	त	◌ि	ठ	ए	म	द
ट	व	म	ष	ह	च	ठ	ड	द	ढ	प	र	ध	ट

चैंपियन
चैम्पियनशिप
प्रदर्शन
टीम
खेल
रणनीति
फाइनल
न्यायाधीश
लीग
पदक
प्रेरणा
सहन
टूर्नामेंट
कोच
विजय

81 - Castelos

य	न	ख	घ	च	प	ख	उ	ख	ड	ण	र	भ	ग
इ	फ	स	ष	श	द	ब	घ	◌ो	ड	◌़	◌ा	ऊ	◌ु
स	◌ा	म	◌ं	त	◌ी	म	स	ढ	इ	य	ज	ब	ल
म	ह	◌ा	न	ल	व	ख	◌ा	ई	ण	ढ	क	ट	◌े
ब	ड	ठ	भ	व	◌ा	म	म	ह	ल	ण	◌ु	ध	ल
अ	म	◌ी	न	◌ा	र	इ	◌्	ढ	ञ	फ	म	ड	य
त	ज	ल	त	र	श	◌ू	र	व	◌ी	र	◌ा	फ	प
ब	द	ग	ह	◌ा	च	ध	◌ा	म	य	◌ा	र	र	द
घ	श	इ	र	घ	ज	ऊ	ज	त	ढ	ज	◌ी	व	ग
र	◌ा	ज	व	◌ं	श	ञ	◌्	फ	आ	क	◌ि	ल	◌े
श	द	ग	फ	थ	त	ण	य	ण	श	◌ु	ह	च	◌ं
क	ख	ड	ग	ग	म	ध	त	प	घ	म	ख	स	ड
ष	व	ऊ	ण	ञ	भ	ग	द	द	श	◌ा	त	आ	◌ा
ञ	ग	च	ञ	ब	ऊ	प	व	द	ढ	र	भ	ऊ	आ

कवच
गुलेल
शूरवीर
घोड़ा
ताज
राजवंश
अजगर
तलवार
सामंती
किले

खाइ
साम्राज्य
महान
महल
दीवार
राजकुमारी
राजकुमार
मीनार
गेंडा

82 - Escola # 2

ह	ड	ऊ	ढ	ठ	न	ठ	न	उ	घ	ढ	म	द	प
ध	म	ढ	म	व	ल	च	ष	प	इ	ब	ऊ	छ	◌े
ष	ब	फ	फ	ख	भ	ञ	य	◌ु	ष	◌ै	छ	म	◌ं
श	ब	◌्	द	क	◌ो	श	द	स	◌ं	ग	ण	क	स
व	स	ख	प	ग	श	◌ि	क	◌्	ष	क	छ	◌ै	◌ि
ष	◌ि	य	◌ु	ख	फ	क	भ	त	क	स	ष	◌ं	ल
र	द	ज	स	य	ढ	◌्	प	क	◌ै	◌ा	घ	च	श
श	◌ो	आ	◌्	व	त	ष	ढ	◌े	ल	ह	ग	◌ो	च
◌ै	स	ठ	त	ञ	◌्	◌ा	◌़	◌ं	◌े	◌ि	ण	ज	घ
क	◌्	र	क	ह	◌ा	य	न	ठ	◌ं	त	◌ि	प	ढ
◌्	त	ट	◌ा	ष	ए	न	◌ा	घ	ड	◌्	त	च	ह
ष	◌ो	व	ल	भ	ष	ञ	घ	क	र	य	त	ष	ब
◌ि	◌ं	प	य	न	य	आ	प	◌ू	र	◌्	त	◌ि	ढ
क	ख	◌े	ल	ञ	श	ल	ए	आ	ख	ण	य	श	ब

शैक्षिक
दोस्तों
पुस्तकालय
कैलेंडर
विज्ञान
संगणक
शब्दकोश
शिक्षा
व्याकरण
खेल
पैंसिल
पढ़ना
साहित्य
पुस्तकें
गणित
बैग
कागज
शिक्षक
आपूर्ति
कैंची

83 - Abelhas

ढ	ण	ल	◌ा	भ	क	◌ा	र	◌ी	ठ	व	झ	ब	आ
फ	र	ध	उ	ढ	च	त	ढ	र	फ	य	◌ु	ग	छ
म	ब	छ	न	त	त	ण	द	व	घ	न	◌ं	◌ी	फ
आ	च	ण	घ	छ	ड	द	व	प	◌ं	ख	ड	च	ग
फ	ल	प	ग	ड	इ	ट	◌ि	◌ौ	र	घ	इ	◌ा	ब
ट	श	त	ञ	न	इ	प	व	ध	ग	◌ा	य	छ	फ
म	◌ो	म	उ	ध	ह	ह	◌ि	◌े	ष	ए	ग	द	ड
प	ख	न	न	ग	त	छ	ध	ख	◌ि	ल	न	◌ा	प
व	म	प	ष	ए	न	श	त	ध	◌ु	आ	◌ॅ	श	ट
न	उ	भ	च	प	थ	थ	◌ा	◌्	ष	छ	ग	ह	फ
क	◌ी	ट	ण	फ	ए	भ	ब	य	त	र	ष	द	ण
स	◌ू	र	◌्	य	◌ू	उ	श	ग	व	◌ा	ड	ग	ए
घ	ढ	ध	स	स	ब	ल	प	य	भ	न	श	भ	ए
इ	ड	न	ब	इ	ण	ल	ख	म	छ	◌ी	च	ण	ऊ

पंख
लाभकारी
मोम
छत्ता
विविधता
झुंड
खिलना
फूल
फल
धुआँ
कीट
बगीचा
शहद
पौधे
पराग
रानी
सूर्य

84 - Banheiro

छ	ब	ऊ	ठ	भ	आ	घ	छ	ठ	ढ	छ	घ	ए	प
इ	ख	श	व	ऊ	व	प	व	प	ग	भ	इ	ए	ख
त	श	म	म	थ	ब	◌ु	ल	ब	◌ु	ल	◌े	थ	ण
◌्	◌ौ	ण	द	ष	छ	फ	म	फ	◌ौ	ऊ	ढ	ट	व
र	च	ल	म	ड	भ	फ	द	श	श	छ	ए	स	द
भ	◌ा	प	◌ि	द	र	◌्	प	ण	◌ै	प	◌ा	न	◌ी
ए	ल	घ	न	य	त	ब	र	ल	म	थ	ड	र	ह
ड	य	स	◌्	न	◌ा	न	ऊ	ष	◌्	ढ	व	य	आ
ग	ण	◌्	ण	प	ड	उ	ष	म	प	उ	स	ठ	प
ऊ	ए	प	ग	प	च	प	न	ल	◌ू	ठ	ए	म	इ
ए	य	◌ं	ध	ल	◌ो	श	न	स	◌ा	ब	◌ु	न	इ
भ	व	ज	र	ध	◌ी	ह	द	ष	र	थ	ट	र	ठ
ड	ण	ध	क	◌ै	◌ं	च	◌ी	ख	ण	ण	द	ट	ह
र	ढ	ण	उ	प	ण	र	◌ा	ड	थ	व	य	इ	इ

पानी
शौचालय
स्नान
बुलबुले
बौछार
दर्पण
स्पंज
लोशन
इत्र
साबुन
गलीचा
कैंची
तौलिया
नल
भाप
शैम्पू

85 - Ciência

छ	ध	ड	च	र	ष	त	त	ण	म	प	◌ौ	ध	◌े
ज	ल	व	◌ा	य	◌ु	र	थ	थ	छ	◌्	ग	घ	भ
◌ी	◌ी	अ	प	घ	ब	◌ी	◌्	न	ण	र	◌ु	प	◌ौ
व	ब	व	ढ	ष	छ	क	य	ऊ	ब	य	र	र	त
◌ि	र	ल	◌ा	व	क	◌ा	ड	य	ण	◌ो	◌ु	म	◌ि
क	ष	◌ो	प	श	ण	य	श	◌े	च	ग	त	◌ा	क
◌ा	च	क	व	◌्	◌्	न	इ	ख	ट	श	◌्	ण	व
स	स	न	ग	प	र	म	य	स	ढ	◌ा	व	◌ु	◌ि
ख	न	◌ि	ज	उ	आ	क	न	ह	श	ल	◌ा	श	ज
थ	ह	य	थ	ण	फ	ध	◌ृ	ह	ऊ	◌ा	क	ए	◌्
र	◌ा	स	◌ा	य	न	◌ि	क	त	त	घ	र	य	ञ
अ	ण	◌ु	ओ	◌ं	ञ	य	ए	ढ	◌ि	र	◌्	ण	◌ा
प	र	◌ि	क	ल	◌्	प	न	◌ा	ड	र	ष	त	न
व	◌ै	ज	◌्	ञ	◌ा	न	◌ि	क	फ	ष	ण	ध	च

परमाणु
वैज्ञानिक
जलवायु
डेटा
विकास
तथ्य
भौतिक विज्ञान
जीवाश्म
गुरुत्वाकर्षण
परिकल्पना
प्रयोगशाला
तरीका
खनिज
अणुओं
प्रकृति
अवलोकन
जीव
कण
पौधे
रासायनिक

86 - Comida #1

च	श	इ	ए	घ	भ	ह	द	म	व	ष	ख	ढ	ण
ब	ड	ग	र	ब	ए	ट	म	◌ा	थ	ब	ख	छ	ध
इ	थ	व	न	◌ी	◌ं	ब	◌ू	ख	ल	द	ऊ	द	ब
न	व	ड	ए	ब	फ	इ	◌ं	न	उ	च	ध	◌ू	घ
व	क	◌े	क	न	श	स	ग	भ	◌ा	ए	◌ी	ध	र
ह	ढ	म	न	म	फ	ल	फ	ए	स	य	उ	न	स
भ	थ	आ	च	क	ऊ	ष	ल	त	◌ु	ल	स	◌ी	◌ी
ख	◌ु	ब	◌ा	न	◌ी	व	◌ी	ल	ष	ग	◌ा	ज	र
ध	च	न	फ	श	ल	ज	म	ह	ढ	ह	ढ	द	छ
स	◌ू	प	◌्र	य	◌ा	ज	ख	स	ष	भ	त	य	ड
ष	म	◌ा	ष	प	छ	ल	ट	◌ु	य	म	ज	ट	स
छ	ड	ल	आ	ञ	ख	ण	श	न	ण	श	◌ौ	न	य
आ	प	क	स	◌्र	ट	◌्र	र	◌ॉ	ब	◌े	र	◌ी	थ
व	ढ	भ	ध	ख	ध	प	ट	इ	ड	च	◌ौ	न	◌ी

चीनी
लहसुन
मूंगफली
टूना
केक
दालचीनी
प्याज
गाजर
जौ
खुबानी
पालक
दूध
नींबू
तुलसी
स्ट्रॉबेरी
शलजम
नमक
सलाद
सूप
रस

87 - Pássaros

उ	ध	ष	छ	ह	च	च	ह	ए	ड	न	ए	क	क
ट	च	न	स	व	ल	इ	ब	ल	न	घ	ढ	ब	◌ौ
म	छ	य	ञ	◌ा	घ	ड	ग	न	श	स	घ	◌ू	आ
◌ू	र	ऊ	फ	स	ट	छ	ब	ग	◌ु	ल	◌ा	त	आ
र	उ	◌ा	च	◌ी	ल	ष	◌ा	◌ौ	त	उ	च	र	स
◌्	ढ	श	ज	ल	प	ञ	ज़	र	◌ु	आ	ख	ञ	स
ख	छ	भ	आ	ह	◌े	य	ऊ	◌ै	र	ह	न	व	इ
म	श	छ	छ	◌ं	◌ं	ध	द	य	म	अ	◌ं	ड	◌ा
न	उ	ट	म	स	ग	स	प	◌ा	◌ु	ञ	घ	आ	ट
◌ु	त	ऊ	ऊ	ब	◌ु	ब	उ	ब	र	ञ	र	ग	◌ू
ष	क	◌ो	य	ल	इ	त	व	छ	◌्	य	प	र	क
◌्	आ	छ	त	न	न	ख	ह	ई	ग	ल	आ	ण	◌े
य	न	द	त	◌ा	म	◌ो	र	थ	ण	च	◌ि	क	न
श	आ	उ	ऊ	श	व	आ	आ	ढ	य	ख	ठ	ध	इ

शुतुरमुर्ग
ईगल
सारस
हंस
कौआ
कोयल
बाज़
राजहंस
चिकन
मूर्ख मनुष्य
बगुला
अंडा
तोता
गौरैया
बतख
मोर
हवासील
पेंगुइन
कबूतर
टूकेन

88 - Virtudes #1

क	स	ट	स	◌्	व	च	◌्	छ	य	आ	व	अ	उ
ए	ल	व	ब	◌्	छ	ग	ष	ग	ट	क	न	च	प
व	ह	◌्	ह	आ	व	भ	थ	ख	ल	र	ध	◌्	य
ल	स	य	प	ध	ढ	त	◌ा	फ	ब	◌्	थ	छ	◌ो
उ	द	◌ा	र	न	ढ	व	◌ं	व	स	ष	छ	◌ा	ग
उ	ग	व	ग	◌ि	◌ा	◌ि	घ	त	◌ु	क	ब	म	◌ी
ष	ए	ह	ष	र	ट	श	ऊ	श	◌्	क	◌ु	श	ल
श	ग	◌ा	ल	◌्	स	◌्	◌ी	च	ट	र	द	ग	ठ
उ	ब	र	इ	ण	म	व	क	ल	◌ा	त	◌्	म	क
थ	उ	◌ि	ग	◌ा	न	◌ा	ण	ब	र	छ	ध	आ	ण
प	ट	क	म	य	ट	स	न	च	◌ो	म	◌ि	भ	इ
ड	ड	न	ष	क	घ	ढ	ढ	◌ं	ग	ए	म	ऊ	श
ल	ठ	ण	ऊ	म	◌ा	म	◌ू	ल	◌ी	ए	◌ा	त	उ
ज	◌ि	ज	◌्	ञ	◌ा	स	◌ु	ध	ध	च	न	द	ड

भावुक
कलात्मक
अच्छा
विश्वास
जिज्ञासु
निर्णायक
कुशल
आकर्षक
उदार
कल्पनाशील
स्वतंत्र
बुद्धिमान
स्वच्छ
मामूली
रोगी
व्यावहारिक
ढंग
उपयोगी

89 - Literatura

च	त	ु	क	ऊ	ऊ	भ	ट	ग	ल	क	त	ज	भ
ब	्	ल	इ	फ	ढ	व	ण	ध	ढ	व	ध	ी	म
स	र	न	ख	त	व	ख	फ	घ	घ	ि	घ	व	द
र	ा	य	ख	ु	न	ष	इ	त	ग	त	ठ	न	फ
ू	स	स	ध	ल	व	ि	व	र	ण	ा	इ	ी	श
प	द	ं	घ	न	ि	ष	्	क	र	्	ष	थ	ठ
क	ी	व	घ	ा	श	ै	ल	ी	प	फ	र	ख	ऊ
थ	य	ा	त	स	्	उ	थ	व	श	त	ब	ठ	श
ा	क	द	ा	ष	ल	र	प	प	न	म	त	ञ	ए
व	ठ	ि	ल	ल	े	ख	क	न	फ	व	ए	द	ह
ा	ि	य	स	ऊ	ष	भ	ट	आ	्	न	व	ञ	स
च	प	ष	ठ	्	ण	ध	ण	ट	इ	य	श	ग	ह
क	थ	ा	य	ञ	स	म	ा	न	त	ा	ा	च	श
द	ऊ	आ	आ	घ	ठ	ा	ख	इ	फ	प	त	स	थ

समानता
विश्लेषण
किस्सा
लेखक
जीवनी
तुलना
निष्कर्ष
विवरण
संवाद
शैली
कथा
रूपक
कथावाचक
राय
कविता
तुक
ताल
उपन्यास
विषय
त्रासदी

90 - Clima

ख	आ	छ	छ	ठ	ऊ	ट	स	व	भ	त	त	ज	च
ध	ड	क	ऊ	प	उ	ग	◌ू	ञ	ष	ए	घ	ल	ठ
ध	ध	ग	◌ा	ख	ष	ग	ख	च	ण	उ	ट	व	थ
◌्	ह	र	ऊ	श	◌्	त	◌ा	प	म	◌ा	न	◌ा	स
र	आ	ज	न	म	ण	◌ू	क	◌ो	ह	र	◌ा	य	स
◌ु	श	ग	उ	छ	क	फ	ब	ह	घ	थ	इ	◌ु	भ
व	न	◌ा	ञ	श	ट	◌ा	छ	◌ि	छ	च	ड	च	स
◌ी	ब	छ	◌ं	घ	◌ि	न	च	प	ज	ऊ	य	ढ	र
य	ब	फ	ण	त	ब	आ	◌ं	ध	◌ी	ल	ए	ब	व
ह	र	आ	ब	व	◌ं	ड	र	द	ख	ए	◌ी	ढ	आ
व	◌्	ख	ए	ग	ध	ड	त	ब	◌ा	द	ल	ठ	ख
◌ा	फ	स	घ	श	◌ी	व	◌ा	य	◌ु	म	◌ं	ड	ल
ब	र	ढ	थ	ख	य	च	ण	म	◌ा	न	स	◌ू	न
इ	◌ं	द	◌्	र	ध	न	◌ु	ष	य	स	ष	ग	थ

इंद्रधनुष
वायुमंडल
शांत
आकाश
जलवायु
तूफान
बर्फ
मानसून
कोहरा
बादल
ध्रुवीय
बिजली
सूखा
तापमान
आंधी
बवंडर
उष्णकटिबंधीय
गरज
नम
हवा

91 - Tecnologia

स	भ	ढ	श	ड	स	◌ु	र	क	◌्	ष	◌ा	ख	फ
◌ं	◌ॉ	म	आ	◌ि	◌ं	◌्	उ	ऊ	थ	व	ञ	ब	◌़
ग	ऊ	फ	च	ज	द	ञ	क	व	ख	न	ग	व	◌ा
ण	य	◌़	◌्	◌ि	◌े	ण	ए	◌्	स	ध	ब	ब	इ
क	स	◌ॉ	स	ट	श	इ	◌ं	ट	र	न	◌े	ट	ल
र	◌ा	न	ऊ	ल	व	ड	ध	क	ब	◌ी	ढ	ठ	ग
◌्	◌ं	◌्	ब	म	ध	◌े	ऊ	◌ै	आ	आ	न	अ	छ
स	ख	ट	◌्	थ	भ	ट	य	म	द	भ	ब	न	म
र	◌्	श	र	य	व	◌ा	इ	र	स	द	◌ा	◌ु	आ
ढ	य	ठ	◌ा	य	थ	व	ब	◌ा	इ	ट	◌्	स	ग
इ	◌ि	ग	उ	उ	स	श	◌्	भ	ध	व	ग	◌ं	◌ी
भ	क	आ	ज	श	ढ	ए	ल	ऊ	थ	ड	घ	ध	ण
ध	◌ी	म	◌़	थ	म	ढ	◌ॉ	श	उ	ऊ	थ	◌ा	ग
व	इ	फ	र	फ	घ	श	ग	च	य	म	म	न	ढ

फ़ाइल
ब्लॉग
बाइट्स
कैमरा
संगणक
कर्सर
डेटा
डिजिटल
सांख्यिकी
फ़ॉन्ट
इंटरनेट
संदेश
ब्राउज़र
अनुसंधान
सुरक्षा
सॉफ्टवेयर
स्क्रीन
आभासी
वाइरस

92 - Arte

ब	द	व	ई	ध	म	स	ए	फ	म	प	म	◌ू	ल
न	◌ृ	ए	म	च	ऊ	त	फ	व	न	◌्	प	अ	म
◌ा	श	क	◌ा	ष	◌ि	ध	म	◌ि	◌ो	र	श	त	व
न	◌्	व	न	प	ब	त	ख	ष	द	◌े	ग	◌ि	ध
◌ा	य	◌ि	द	इ	न	ध	◌्	य	श	र	उ	य	ग
य	फ	त	◌ा	व	म	ल	फ	र	◌ा	◌ि	प	थ	न
श	ऊ	◌ा	र	थ	◌्	ट	फ	भ	◌ि	त	◌्	◌ा	स
र	ण	ञ	म	ढ	त	य	र	ह	ब	त	र	र	◌ि
स	म	◌ू	र	◌्	त	◌ि	क	ल	◌ा	र	त	◌्	र
र	च	न	◌ा	ज	य	ञ	घ	◌्	ण	ग	◌ी	थ	◌े
ल	म	ञ	य	व	ट	ह	न	ह	त	ह	क	व	म
प	ण	प	ण	त	य	◌ि	र	य	त	◌ि	द	◌ा	◌ि
फ	श	इ	ग	भ	त	ल	ल	ए	र	द	ग	द	क
अ	भ	◌ि	व	◌्	य	क	◌्	त	◌ि	च	र	त	ट

सिरेमिक
जटिल
रचना
बनाना
मूर्तिकला
अभिव्यक्ति
ईमानदार
मनोदशा
प्रेरित

मूल
व्यक्तिगत
कविता
चित्रित
सरल
प्रतीक
विषय
अतियथार्थवाद
दृश्य

93 - Dinossauros

अ	प	◌्	र	◌ा	ग	◌ै	त	◌ि	ह	◌ा	स	◌ि	क
◌ं	ण	त	ल	र	भ	ट	य	म	व	फ	घ	ग	श
त	स	ब	ऊ	छ	ऊ	ञ	इ	◌ा	व	प	श	च	◌ि
र	ढ	भ	र	ढ	ग	ल	ल	◌ं	श	◌ि	◌ा	आ	क
◌्	र	◌ै	प	◌्	ट	र	इ	स	◌ा	न	क	क	◌ा
ध	स	स	फ	ढ	ब	ड	◌़	◌ा	त	ध	◌ा	◌ा	र
◌ा	र	र	व	◌ि	श	◌ा	ल	ह	◌ि	ध	ह	र	स
न	◌ी	थ	◌्	प	ष	त	ऊ	◌ा	र	ग	◌ा	र	च
ढ	स	म	ए	व	◌ं	ए	भ	र	ख	त	र	इ	उ
त	◌ृ	स	ष	द	भ	ख	भ	◌ी	ञ	थ	◌ी	ह	ड
ढ	प	ध	इ	घ	थ	क	ज	◌ी	व	◌ा	श	◌्	म
प	◌ृ	थ	◌्	व	◌ी	म	◌्	प	फ	य	व	इ	ए
ग	स	ल	ग	ग	ह	न	उ	ष	न	उ	र	ग	द
श	क	◌्	त	◌ि	श	◌ा	ल	◌ी	◌ी	प	◌ू	◌ं	छ

पंख
मांसाहारी
पूंछ
अंतर्धान
विकास
जीवाश्म
बड़ा
शाकाहारी
विशाल
सर्वभक्षी
शक्तिशाली
शिकार
प्रागैतिहासिक
रैप्टर
सरीसृप
आकार
पृथ्वी
शातिर

94 - Esportes

उ	ञ	ए	ह	छ	ण	ट	छ	ख	ढ	ऊ	थ	ग	थ
छ	ल	ह	ढ	ण	त	श	ग	ह	ख	ट	ग	त	आ
ठ	उ	छ	ष	ठ	आ	स	छ	फ	उ	◌े	◌ो	◌ि	ए
ख	च	स	ख	फ	द	म	ढ	ढ	च	न	ल	ञ	ब
च	च	व	◌ि	ज	◌े	त	◌ा	र	फ	◌ि	◌्	ल	◌ा
आ	त	स	ल	ञ	◌ि	आ	ह	त	◌े	स	फ	ह	स
च	र	◌्	◌ा	ट	◌ी	म	य	व	घ	फ	ञ	◌ॉ	◌्
ग	ख	ट	ड	भ	ण	ल	न	प	ल	ऊ	र	क	क
ऊ	ऊ	◌े	◌़	थ	त	म	ण	◌ा	इ	प	म	◌ी	◌े
आ	आ	ड	◌ी	ख	घ	ह	ब	◌े	स	ब	◌ॉ	ल	ट
म	ह	◌ि	स	घ	त	स	इ	ट	ठ	◌्	आ	ष	ब
व	◌्	य	◌ा	य	◌ा	म	श	◌ा	ल	◌ा	ट	द	◌ॉ
च	ल	म	घ	ब	ण	थ	व	स	◌ा	इ	क	◌ि	ल
क	◌ो	च	◌ै	म	◌्	प	◌ि	य	न	श	◌ि	प	क

रेफरी
बास्केटबॉल
बेसबॉल
साइकिल
चैम्पियनशिप
टीम
स्टेडियम
विजेता
व्यायामशाला
जिमनास्टिक
गोल्फ
हॉकी
खिलाड़ी
खेल
गति
टेनिस
कोच

95 - Comida # 2

ग	इ	ल	फ	ण	ण	ड	ट	म	◌ा	ट	र	ए	म
ब	◌्	र	◌ो	क	◌ो	ल	◌ौ	छ	थ	र	ध	न	श
◌ा	द	अ	उ	उ	क	क	ल	ल	च	◌ा	व	ल	र
द	ह	◌ं	व	इ	◌े	◌ौ	ल	◌ौ	ट	स	ए	ग	◌ू
◌ा	◌ौ	ड	ब	ए	ल	व	न	च	◌े	र	◌ौ	ह	म
म	य	◌ा	ग	अ	◌ा	◌ौ	त	ह	आ	ष	ड	◌ा	द
र	ट	ऊ	ञ	◌ं	स	ण	म	ध	ऊ	ल	म	थ	च
फ	ञ	थ	ड	ग	◌े	ह	◌ू	◌ॅ	प	य	द	◌ौ	◌ॉ
आ	इ	उ	ऊ	◌ू	ब	◌ै	◌ं	ग	न	ञ	ल	च	क
ञ	ल	च	प	र	प	म	च	ण	◌ौ	व	प	क	ल
म	य	ञ	इ	ह	य	च	ध	◌ि	र	थ	थ	न	◌े
उ	उ	ष	थ	ऊ	ट	च	ढ	द	क	ऊ	ए	त	ट
र	ह	ञ	श	ष	उ	छ	ए	श	ठ	न	घ	ग	ल
ञ	न	आ	ञ	म	ब	ण	भ	ष	म	ख	च	म	ट

हाथी चक
बादाम
चावल
केला
बैंगन
ब्रोकोली
चेरी
चॉकलेट
मशरूम
चिकन
दही
कीवी
सेब
अंडा
मछली
हैम
पनीर
टमाटर
गेहूँ
अंगूर

96 - Barcos

ध	ध	ठ	आ	ग	ष	ण	ण	म	ञ	ग	श	ह	स
श	र	ठ	प	न	◌ौ	क	◌ा	थ	ऊ	च	म	आ	म
प	ब	◌े	ड	◌़	◌ा	आ	त	म	ह	न	स	ध	◌ु
क	श	◌्	त	◌ी	श	व	स	म	◌ु	द	◌्	र	द
भ	◌्	इ	न	इ	द	ग	◌ि	ध	त	र	त	य	◌्
ल	ह	र	◌े	◌ं	आ	प	श	क	भ	स	◌ू	ध	र
◌ं	ढ	ट	◌ू	ज	◌्	व	◌ा	र	ष	◌्	ल	ट	◌ी
ग	घ	य	च	न	च	द	ड	ण	थ	स	ण	ष	द
र	स	◌े	ल	ब	◌ो	ट	घ	ट	झ	◌ी	ब	द	स
ड	ब	छ	ब	ट	भ	भ	द	च	◌ी	ड	ख	ष	द
आ	◌ो	स	◌ा	ग	र	न	द	◌ी	ल	छ	ब	उ	म
म	य	◌ं	ञ	◌ो	उ	घ	ठ	ध	म	ह	ख	ढ	च
श	◌ा	ह	ग	द	फ	म	थ	भ	र	इ	र	ञ	ए
द	ट	र	ड	◌ी	ण	ष	आ	र	ख	ट	त	न	ह

लंगर
बोया
कश्ती
डोंगी
रस्सी
गोदी
नौका
बेड़ा
झील
समुद्र
ज्वार
नाविक
मस्तूल
इंजन
समुद्री
सागर
लहरें
नदी
क्रू
सेलबोट

97 - Outono

ट	छ	ञ	त	व	◌ि	ष	◌ु	व	स	◌े	ब	स	भ
ध	प	व	ज	◌्	श	द	ठ	छ	व	उ	त	च	ए
श	ग	◌ो	ल	◌ि	य	◌ा	◌ं	स	ट	न	ञ	क	उ
प	◌्	र	व	◌ा	स	◌ौ	ढ	य	ल	फ	म	प	छ
ह	ल	ष	◌ा	ल	म	म	ह	ठ	च	ल	◌ौ	ड	च
ढ	ल	म	य	ग	ध	ह	ह	◌ा	आ	◌ो	स	◌़	ध
ट	र	प	◌ु	त	ध	भ	◌ी	श	र	द	म	◌े	ध
च	प	◌्	र	क	◌ृ	त	◌ि	न	ष	◌्	◌ी	न	ञ
ब	र	आ	ग	भ	न	च	थ	ढ	◌े	य	ठ	व	स
ल	भ	व	ठ	ञ	थ	च	आ	ध	म	◌ा	इ	ध	इ
फ	ग	र	श	उ	ठ	ढ	ऊ	ग	◌ौ	न	ह	ढ	च
ष	ब	आ	च	न	ठ	ट	इ	ख	स	ख	ध	उ	ठ
ब	ल	◌ू	त	क	◌ा	फ	ल	ट	म	ष	ख	ड	श
द	ध	म	प	ब	ग	ग	स	थ	द	त	ग	ए	द

बलूत का फल
गोलियां
जलवायु
विषुव
त्यौहार
ठंढ
आग
सेब
महीने
प्रवास
प्रकृति
फलोद्यान
कपड़े
मौसमी
मौसम

98 - Piratas

फ	आ	आ	ऊ	त	ऊ	स	ग	ऊ	र	द	छ	द	उ
घ	च	ण	स	थ	ग	ा	ख	द	ए	र	ग	थ	ब
ञ	क	ल	य	ठ	ग	ह	ऊ	्	प	थ	ु	स	ु
इ	्	प	स	ष	इ	स	म	व	ठ	ए	फ	ो	र
ए	र	फ	्	म	भ	ि	श	ी	ख	ज	ा	न	ा
ठ	ू	थ	ण	त	ु	क	थ	प	त	ल	व	ा	र
भ	ञ	ड	थ	ल	ा	द	ह	ठ	र	ं	ण	ख	त
श	छ	उ	ढ	ण	ढ	न	्	स	ा	ग	र	ध	ो
ञ	ग	स	ि	क	्	क	े	र	ण	र	आ	म	त
उ	ण	ग	फ	य	ठ	उ	द	ं	त	क	थ	ा	ा
ट	ल	ड	त	च	ध	ध	प	छ	उ	ट	ड	ष	घ
ग	ए	म	श	द	ि	क	्	स	ू	च	क	घ	र
ट	ड	ऊ	उ	प	घ	ध	र	र	त	ऊ	ह	ब	श
न	ि	श	ा	न	भ	ह	फ	न	क	्	श	ा	श

साहसिक
लंगर
दिक्सूचक
कप्तान
गुफा
निशान
तलवार
द्वीप
दंतकथा
नक्शा
बुरा
सिक्के
सागर
सोना
तोता
खतरा
समुद्र तट
रम
खजाना
क्रूर

99 - Mamíferos

ड	छ	ख	ड	ट	ञ	ञ	क	ब	ि	ल	्	ल	ी
व	र	आ	उ	ण	आ	घ	ं	क	ु	त	्	त	ा
इ	ण	घ	इ	भ	य	ध	ग	थ	ह	ल	ष	ड	ण
घ	ब	उ	ब	उ	म	ह	ा	थ	ी	छ	ह	व	ऊ
व	उ	उ	ह	ं	ज	ि	र	ा	फ	़	स	फ	घ
ब	स	घ	द	र	द	ख	ू	ज	़	े	ब	र	ा
म	घ	ह	ए	ण	थ	र	ऊ	द	ब	ि	ल	ा	व
ए	द	न	थ	उ	ग	ग	द	ड	द	श	ख	ट	घ
ऊ	ॅ	ट	ट	न	क	ो	य	ो	ट	द	थ	ढ	ो
त	ड	ड	र	घ	म	श	ल	ो	म	ड	़	ी	ड
भ	छ	ठ	व	्	ह	े	ल	थ	आ	ढ	ह	स	़
ल	े	ण	ब	ग	ो	र	ि	ल	्	ल	ा	ह	ा
ढ	ह	ड	ॉ	ल	्	फ	ि	न	ष	ल	ग	उ	ग
ह	त	ब	़	भ	े	ड	़	ि	य	ा	त	श	ह

क्वेल
ऊँट
कंगारू
ऊदबिलाव
घोड़ा
कुत्ता
खरगोश
कोयोट
हाथी
बिल्ली
जिराफ़
डॉल्फ़िन
गोरिल्ला
शेर
भेड़िया
बंदर
भेड़
लोमड़ी
बुल
ज़ेबरा

100 - Atividades e Lazer

य	त	म	◌ु	क	◌्	क	◌े	ब	◌ा	ज	◌ी	म	ब
◌ा	ए	◌ै	ए	ष	ए	ञ	ग	◌ा	र	ट	ट	छ	◌ा
त	आ	ख	र	न	श	श	ढ	स	त	ष	◌े	ल	ग
◌्	न	ठ	ग	◌ा	ञ	ष	◌ौ	◌्	य	व	न	◌ी	व
र	ञ	छ	फ	ण	क	ग	ण	क	ल	◌ा	◌ि	प	◌ा
◌ा	उ	ध	ष	आ	स	◌ी	ण	◌े	व	आ	स	क	न
ऊ	इ	थ	द	ध	र	च	थ	ट	ब	ख	ड	ड	◌ी
ब	ञ	थ	ऊ	ह	◌्	◌ा	व	ब	ड	ब	व	◌़	ए
ब	ञ	ण	ब	ठ	फ	ए	म	◌ॉ	◌ा	◌े	◌ॉ	न	ट
प	न	ग	प	फ	◌ि	द	उ	ल	इ	स	ल	◌े	छ
च	ग	ध	त	श	◌ं	श	ए	ष	व	ब	◌ी	ठ	ए
ढ	ठ	ए	फ	थ	ग	त	च	ढ	◌ि	◌ॉ	ब	र	च
च	◌ि	त	◌्	र	क	◌ा	र	◌ी	◌ं	ल	◌ॉ	भ	ट
ड	◌े	र	◌ा	ड	◌ा	ल	न	◌ा	ग	◌ो	ल	◌्	फ

डेरा डालना
कला
बास्केटबॉल
बेसबॉल
मुक्केबाजी
गोल्फ
शौक
बागवानी
डाइविंग
तैराकी
मछली पकड़ने
चित्रकारी
आराम
सर्फिंग
टेनिस
यात्रा
वॉलीबॉल

1 - Dirigindo

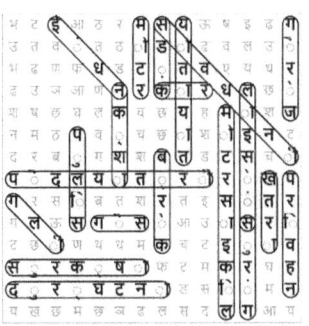

2 - Atividades

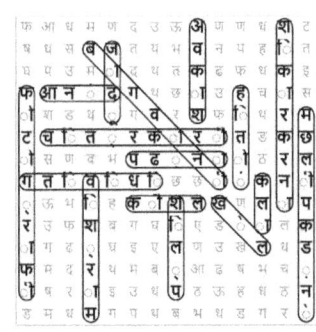

3 - Churrascos

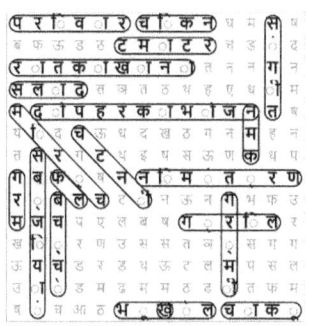

4 - Pesca

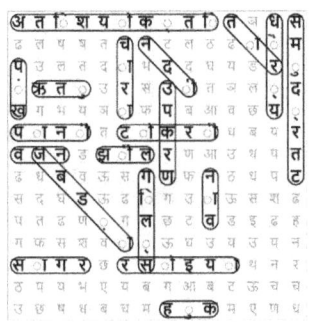

5 - Geologia

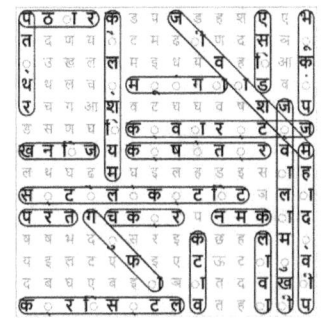

6 - Móveis

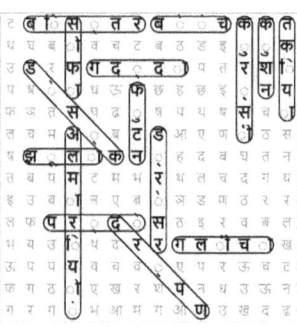

7 - Tempo

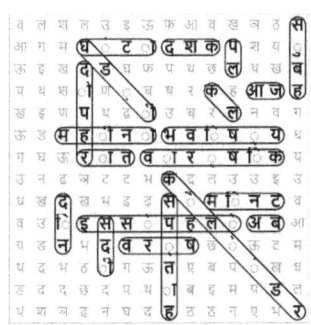

8 - Astronomia

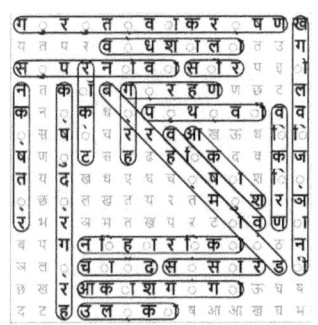

9 - Circo

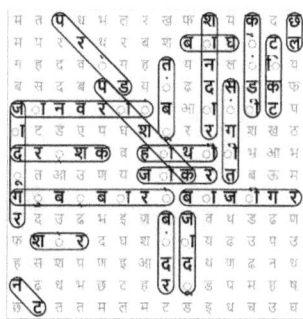

10 - Acampamento

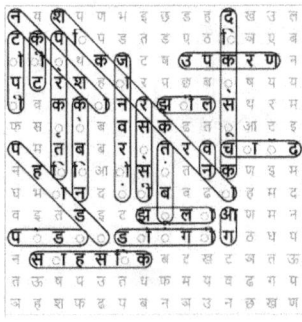

11 - Emoções

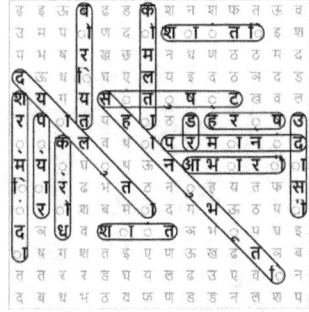

12 - Ficção Científica

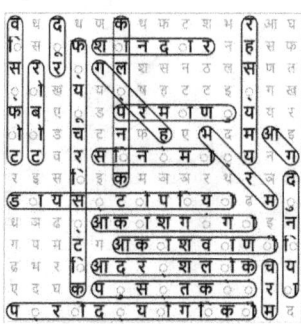

13 - Mitologia

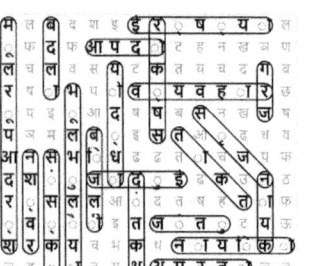

14 - Medições

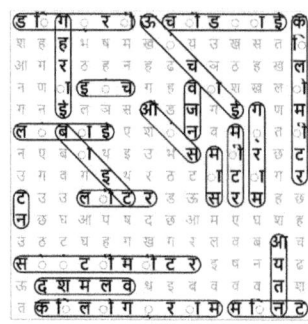

15 - Plantas

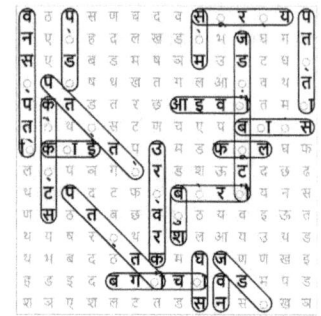

16 - Veículos

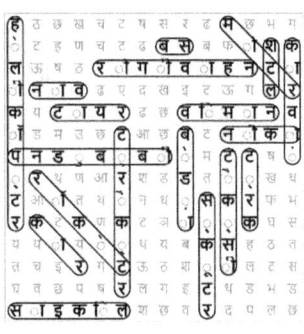

17 - Restaurante # 2

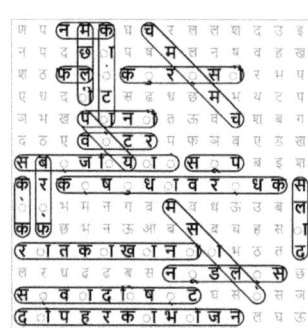

18 - Países #2

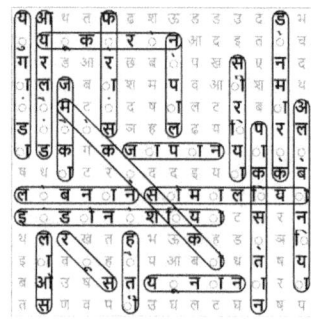

19 - Cozinha

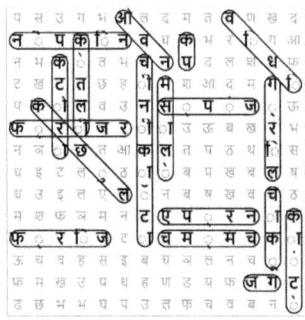

20 - Brinquedos

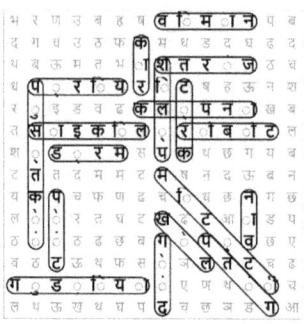

21 - Verão

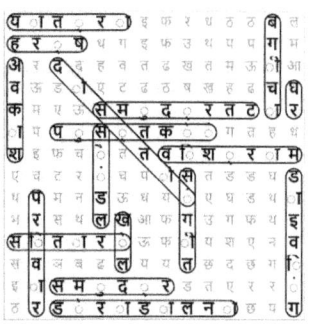

22 - Material de Arte

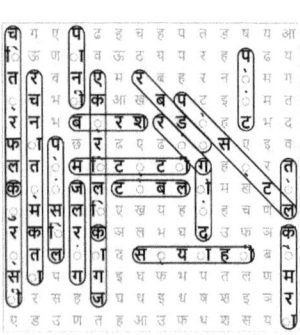

23 - Números

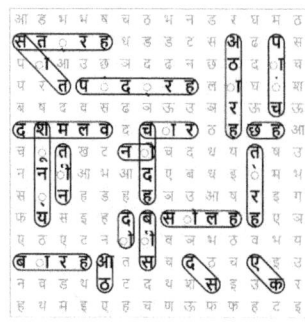

24 - Ferramentas

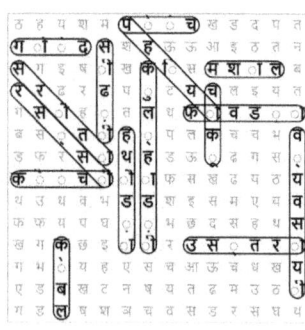

25 - Especiarias

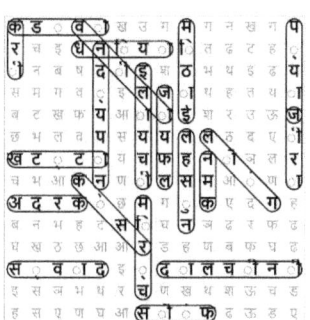

26 - Aniversário

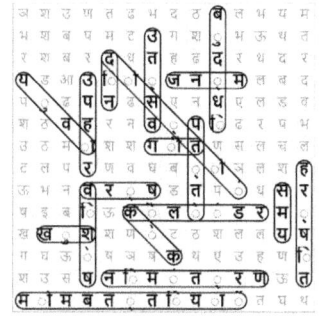

27 - Casa

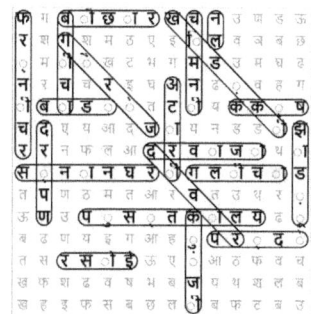

28 - Vegetais

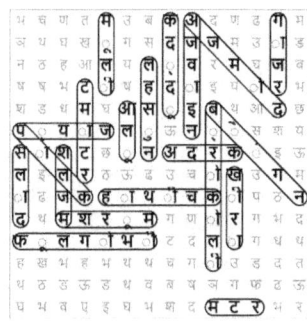

29 - Exploração

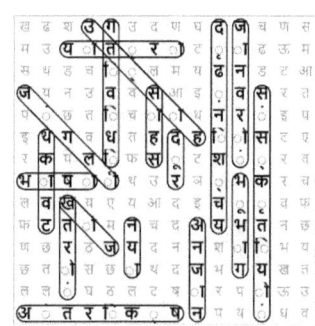

30 - Balé

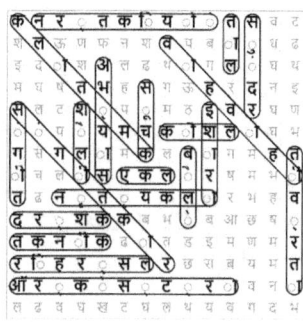

31 - Adjetivos #1

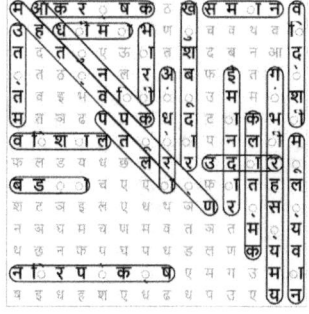

32 - Insetos

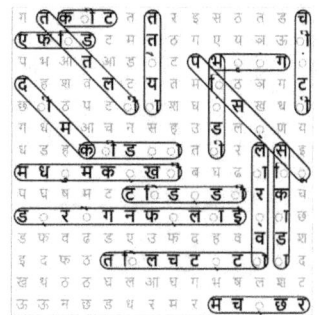

33 - Paisagens

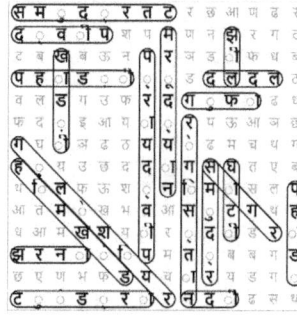

34 - Dança

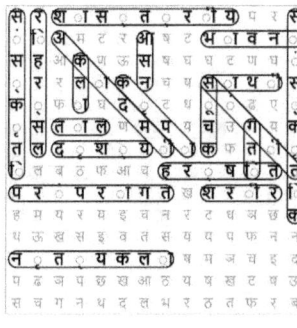

35 - Nutrição

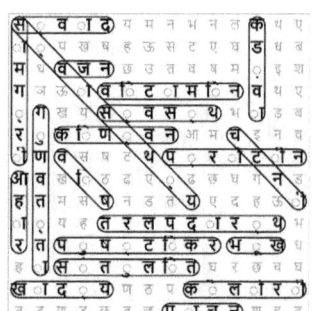

36 - Disciplinas Científicas

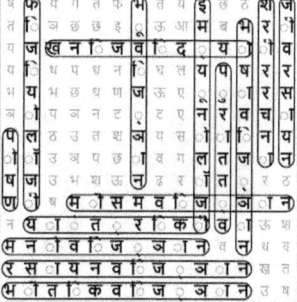

37 - Meditação

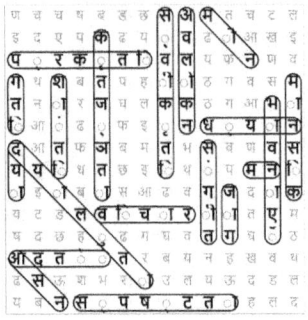

38 - Artes Visuais

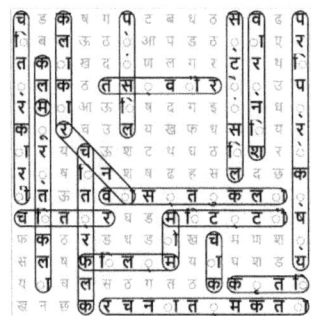

39 - Instrumentos Musicais

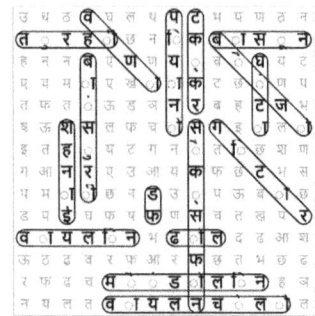

40 - Escola #1

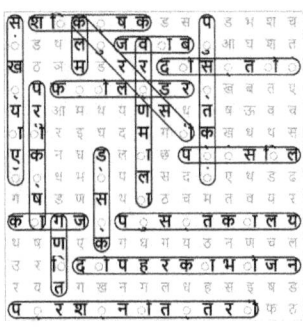

41 - Adjetivos #2

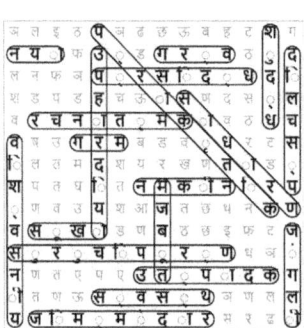

42 - Roupas

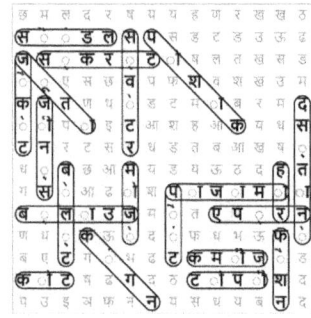

43 - Herbalismo

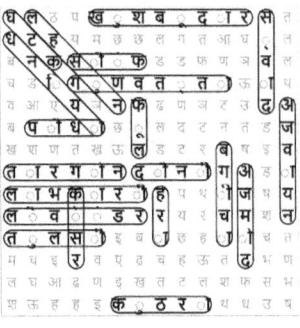

44 - Frutas

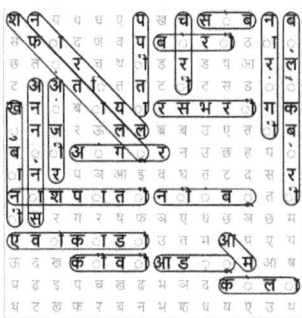

45 - Corpo Humano

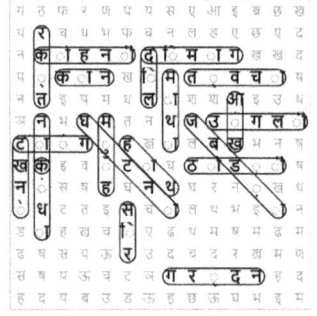

46 - Restaurante #1

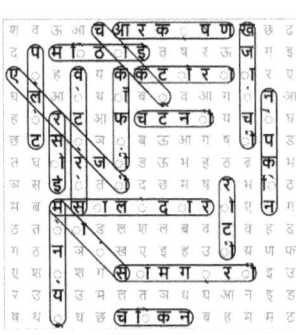

47 - Caminhada

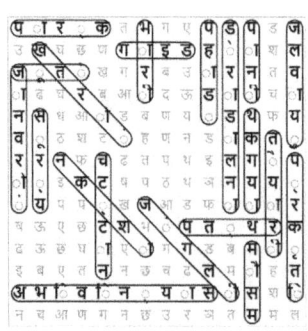

48 - Água

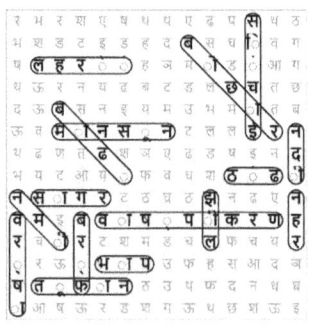

49 - Ecologia

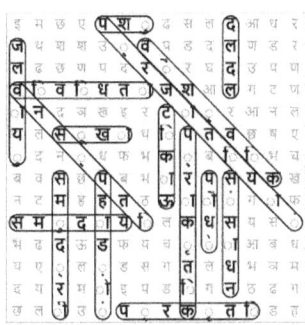

50 - Família

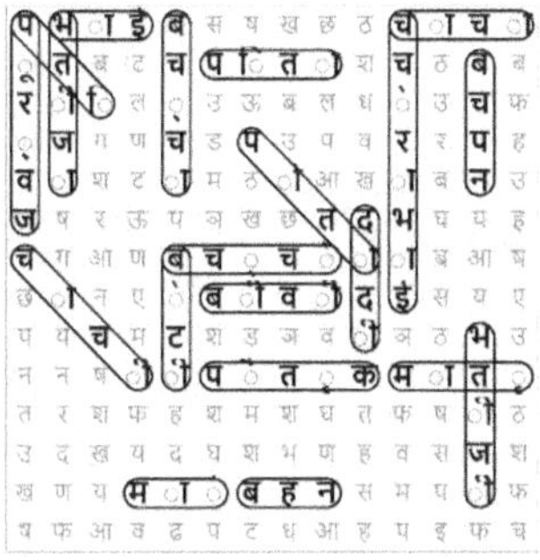

51 - Férias #2

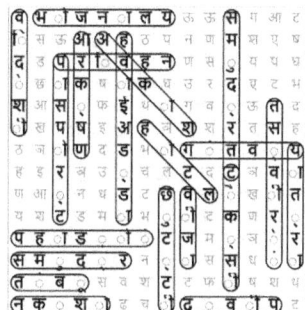

52 - Edifícios

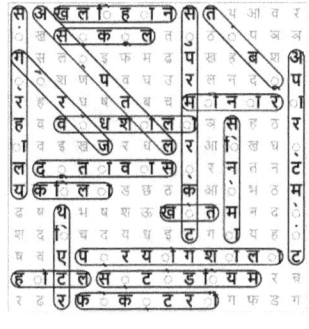

53 - Praia

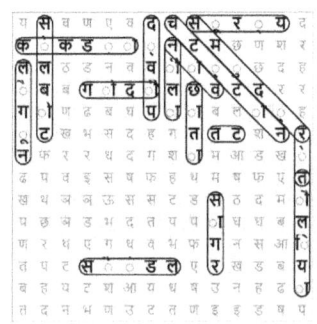

54 - Ferramentas de Cozinha

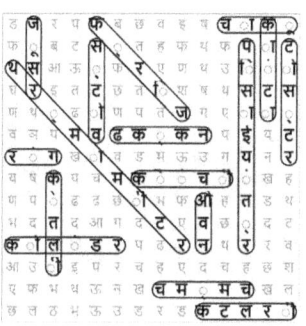

55 - Xadrez

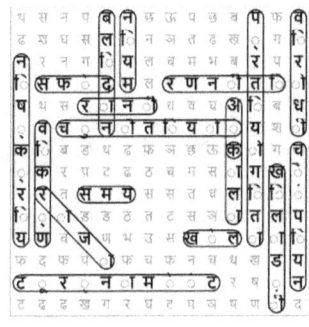

56 - Aventura

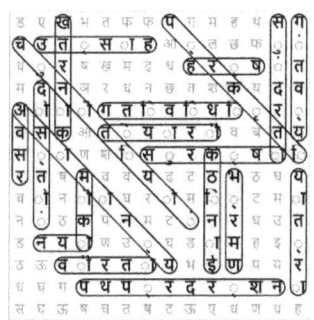

57 - Surf

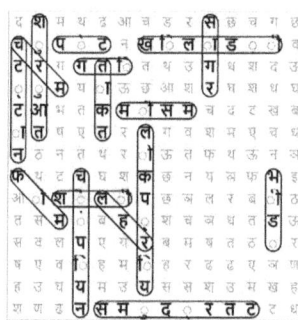

58 - Floresta Tropical

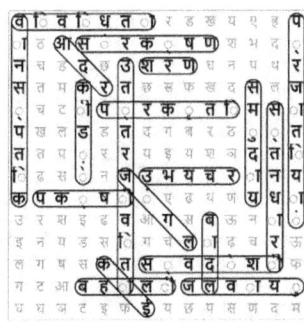

59 - Cidade

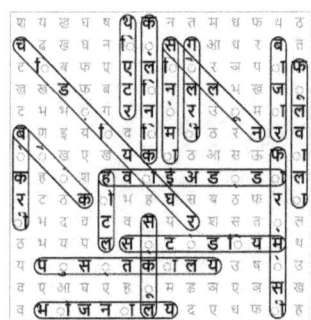

60 - Matemática

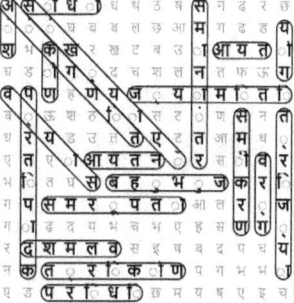

61 - Natureza

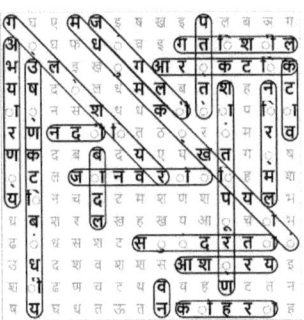

62 - Preencher

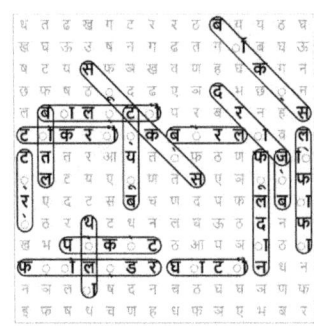

63 - Animais de Estimação

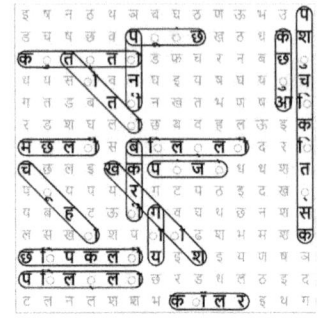

64 - Escalada

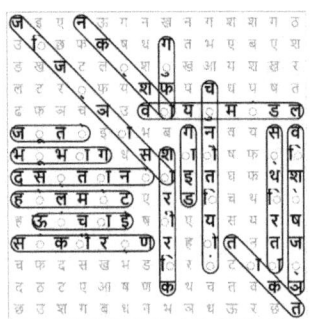

65 - Aviões

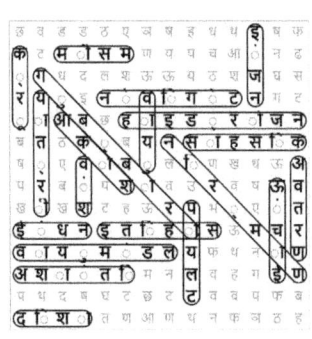

66 - Tipos de Cabelo

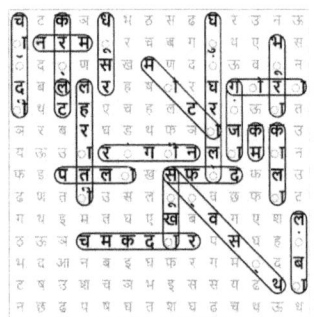

67 - Formas

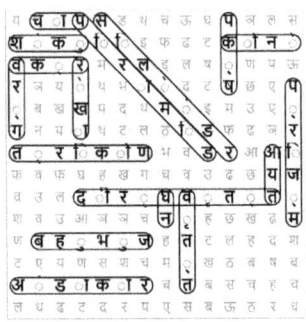

68 - Dias e Meses

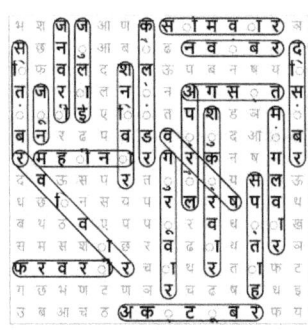

69 - Geografia

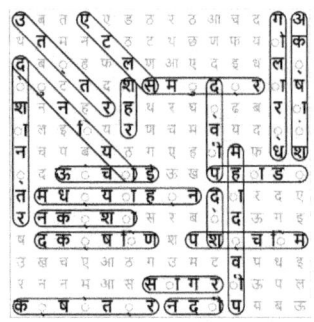

70 - Antártica

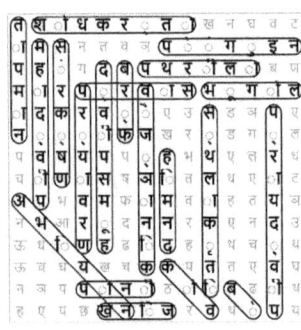

71 - Flores

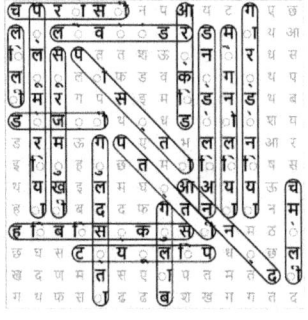

72 - Fazenda #1

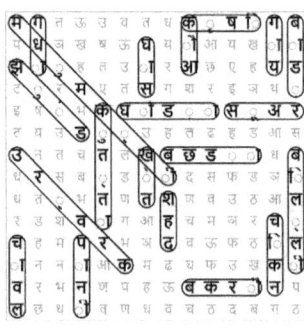

73 - Livros

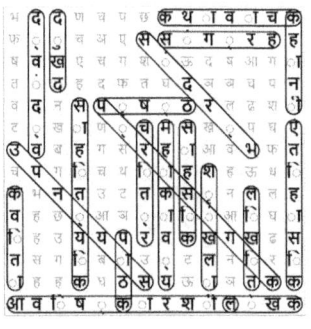

74 - Chocolate

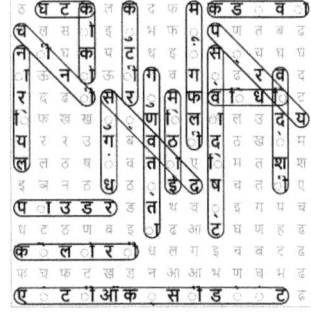

75 - Profissões #2

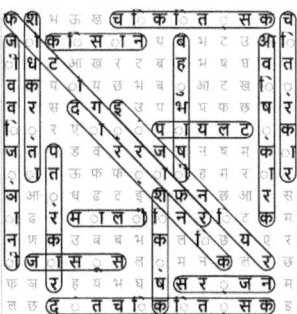

76 - Fazenda #2

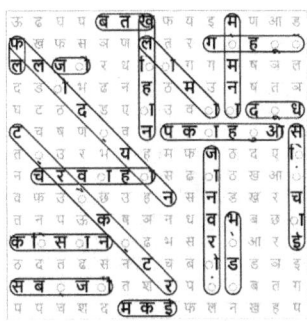

77 - Jardim

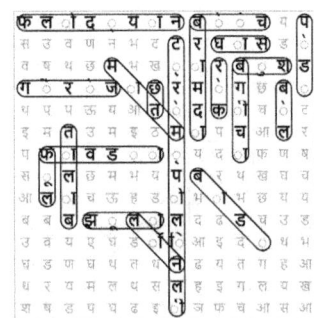

78 - Oceano

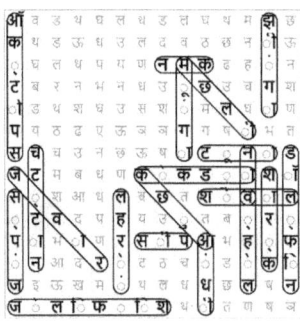

79 - Profissões #1

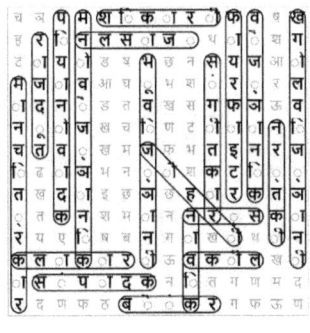

80 - Campeonato

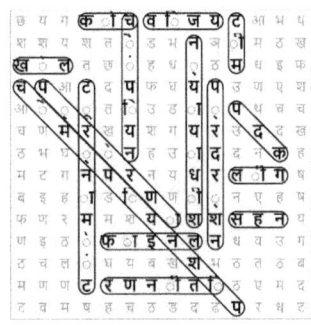

81 - Castelos

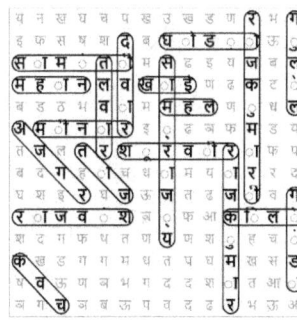

82 - Escola # 2

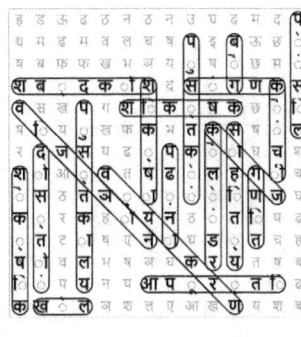

83 - Abelhas

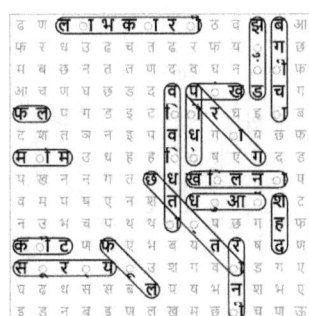

84 - Banheiro

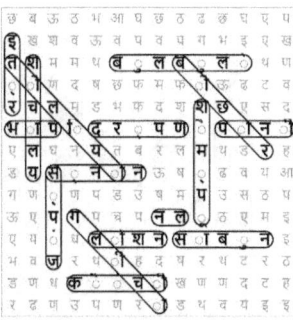

85 - Ciência

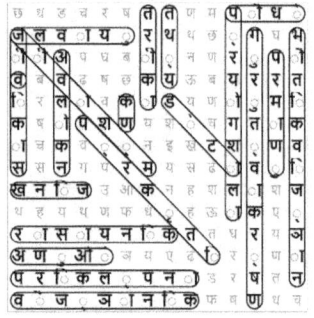

86 - Comida #1

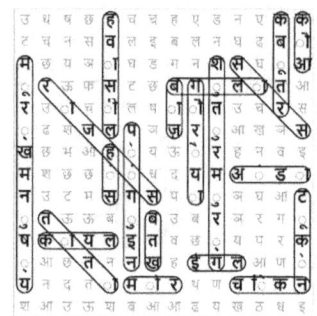

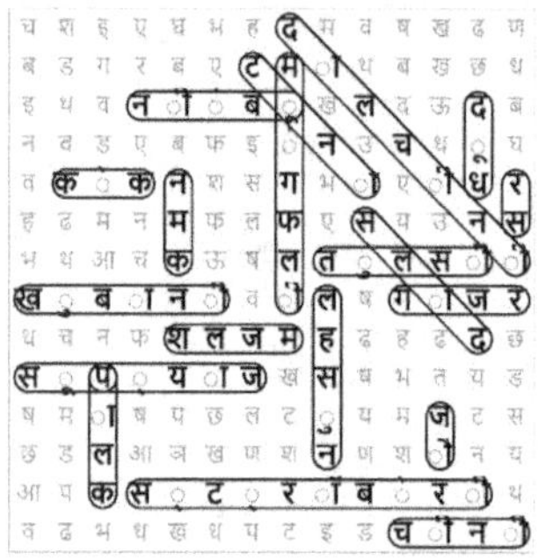

87 - Pássaros

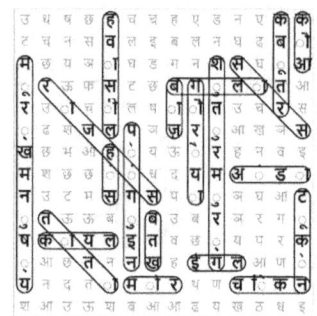

88 - Virtudes #1

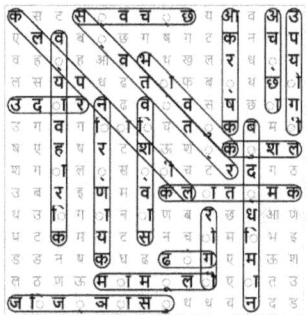

89 - Literatura

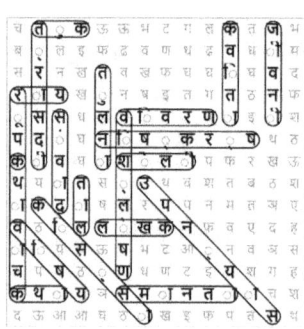

90 - Clima

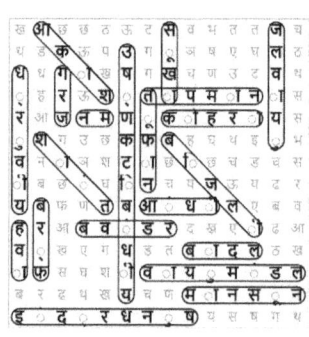

91 - Tecnologia

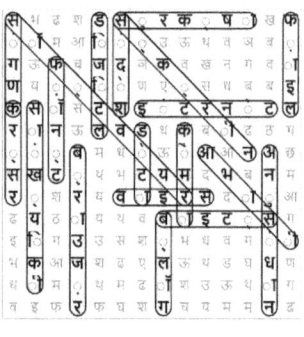

92 - Arte

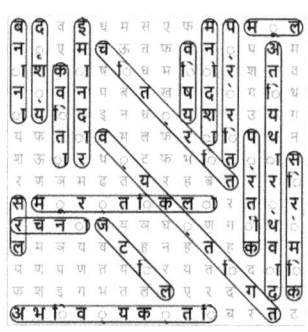

93 - Dinossauros

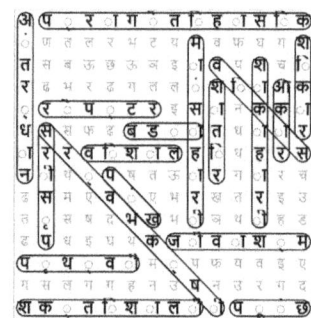

94 - Esportes

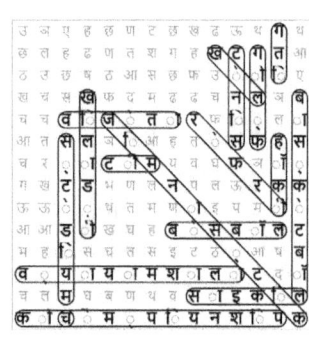

95 - Comida # 2

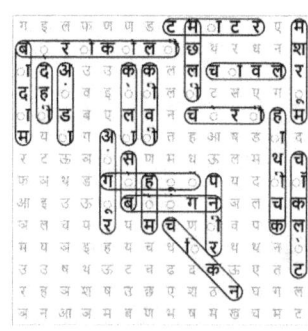

96 - Barcos

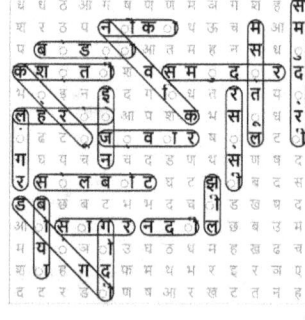

97 - Outono

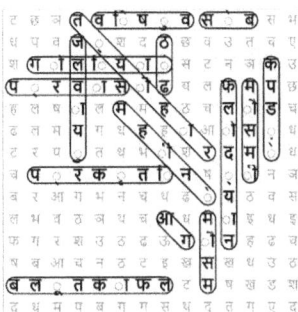

98 - Piratas

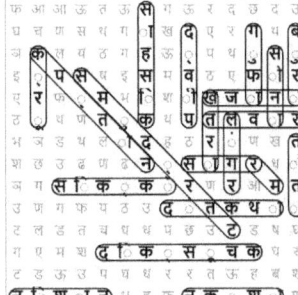

99 - Mamíferos

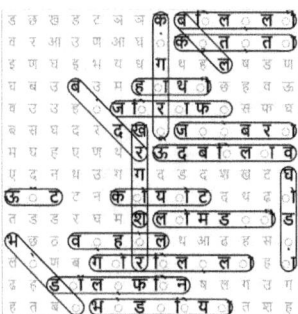

100 - Atividades e Lazer

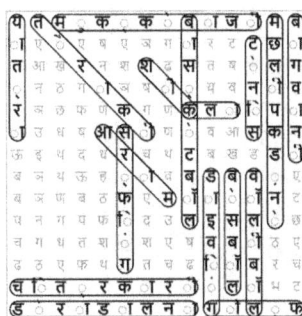

Dicionário

Abelhas
मधुमक्खियों

Asas	पंख
Benéfico	लाभकारी
Cera	मोम
Colmeia	छत्ता
Diversidade	ववििधता
Enxame	झुंड
Flor	खलिना
Flores	फूल
Fruta	फल
Fumaça	धुआँ
Inseto	कीट
Jardim	बगीचा
Mel	शहद
Plantas	पौधे
Pólen	पराग
Rainha	रानी
Sol	सूर्य

Acampamento
कैम्पगि

Animais	जानवरों
Aventura	साहसकि
Árvores	पेड़
Bússola	दक्सिूचक
Cabine	केबनि
Caça	शकिार करना
Canoa	डोंगी
Chapéu	टोपी
Corda	रस्सी
Equipamento	उपकरण
Floresta	वन
Fogo	आग
Inseto	कीट
Lago	झील
Lua	चाँद
Maca	झूला
Mapa	नक्शा
Montanha	पहाड़
Natureza	प्रकृत
Tenda	तंबू

Adjetivos #1
वशिषण #1

Absoluto	नरिपेक्ष
Aromático	खुशबूदार
Artístico	कलात्मक
Atraente	आकर्षक
Enorme	वशाल
Escuro	अंधेरा
Exótico	वदिशी
Fino	पतला
Generoso	उदार
Grande	बड़ा
Honesto	ईमानदार
Idêntico	समान
Importante	महत्वपूर्ण
Lento	धीमा
Misterioso	रहस्यमय
Moderno	आधुनकि
Perfeito	उत्तम
Pesado	भारी
Sério	गंभीर
Valioso	मूल्यवान

Adjetivos #2
वशिषण #2

Autêntico	वश्विसनीय
Criativo	रचनात्मक
Descritivo	वर्णनात्मक
Dotado	उपहार दयि
Elegante	सुरुचपूिर्ण
Famoso	प्रसद्धि
Forte	मजबूत
Interessante	दलिचस्प
Natural	प्राकृतकि
Normal	साधारण
Novo	नया
Orgulhoso	गर्व
Produtivo	उत्पादक
Puro	शुद्ध
Quente	गरम
Responsável	जम्मिदार
Salgado	नमकीन
Saudável	स्वस्थ
Seco	सूखा
Selvagem	जंगली

Animais de Estimação
पालतू जानवर

Água	पानी
Cabra	बकरी
Cachorro	पल्लिा
Cauda	पूंछ
Cão	कुत्ता
Coelho	खरगोश
Colarinho	कॉलर
Garras	पंजे
Gato	बल्लिी
Lagarto	छपिकली
Mouse	चूहा
Papagaio	तोता
Peixe	मछली
Tartaruga	कछुआ
Vaca	गाय
Veterinário	पशु चकित्सिक

Aniversário
जन्मदनि

Alegre	हर्षति
Amigos	दोस्तों
Ano	वर्ष
Bolo	केक
Calendário	कैलेंडर
Canção	गीत
Cartões	पत्ते
Celebração	उत्सव
Convites	नमिंत्रण
Dia	दनि
Dom	उपहार
Especial	वशिष
Feliz	खुश
Jovem	युवा
Nascer	जन्म
Sabedoria	बुद्धि
Tempo	समय
Velas	मोमबत्तयिाँ

Antártica
अंटार्कटिका

Ambiente	पर्यावरण
Água	पानी
Baía	बे
Científico	वैज्ञानिक
Conservação	संरक्षण
Continente	महाद्वीप
Enseada	कोव
Expedição	अभियान
Geleiras	हिमनद
Gelo	बर्फ
Geografia	भूगोल
Ilhas	द्वीप समूह
Investigador	शोधकर्ता
Migração	प्रवास
Minerais	खनिज
Península	प्रायद्वीप
Pinguins	पेंगुइन
Rochoso	पथरीला
Temperatura	तापमान
Topografia	स्थलाकृति

Arte
कला

Cerâmica	सिरैमिक
Complexo	जटिल
Composição	रचना
Criar	बनाना
Escultura	मूर्तकिला
Expressão	अभिव्यक्ति
Honesto	ईमानदार
Humor	मनोदशा
Inspirado	प्रेरित
Original	मूल
Pessoal	व्यक्तिगत
Poesia	कविता
Retratar	चित्रित
Simples	सरल
Símbolo	प्रतीक
Sujeito	विषय
Surrealismo	अतियथार्थवाद
Visual	दृश्य

Artes Visuais
दृश्य कला

Argila	मिट्टी
Arquitetura	वास्तुकला
Artista	कलाकार
Caneta	कलम
Cavalete	चित्रफलक
Cera	मोम
Composição	रचना
Criatividade	रचनात्मकता
Escultura	मूर्तकिला
Estêncil	स्टेंसिल
Filme	फिल्म
Fotografia	तस्वीर
Giz	चाक
Lápis	पेंसिल
Obra-Prima	कृति
Perspectiva	परिप्रेक्ष्य
Pintura	चित्रकारी
Retrato	चित्र
Verniz	वार्निश

Astronomia
खगोल विद्या

Asteróide	क्षुद्रग्रह
Astrônomo	खगोल विज्ञानी
Céu	आकाश
Constelação	नक्षत्र
Cosmos	ब्रह्मांड
Eclipse	ग्रहण
Equinócio	विषुव
Foguete	रॉकेट
Galáxia	आकाशगंगा
Gravidade	गुरुत्वाकर्षण
Lua	चाँद
Meteoro	उल्का
Nebulosa	निहारिका
Observatório	वेधशाला
Planeta	ग्रह
Radiação	विकिरण
Solar	सौर
Supernova	सुपरनोवा
Terra	पृथ्वी
Universo	संसार

Atividades
गतिविधियाँ

Arte	कला
Artesanato	शिल्प
Atividade	गतिविधि
Caca	शिकार करना
Fotografia	फोटोग्राफी
Habilidade	कौशल
Interesses	हितों
Jardinagem	बागवानी
Jogos	खेल
Lazer	अवकाश
Lendo	पढ़ना
Magia	जादू
Pesca	मछली पकड़ने
Pintura	चित्रकारी
Prazer	आनंद
Relaxamento	विश्राम

Atividades e Lazer
गतिविधियाँ और अवकाश

Acampamento	डेरा डालना
Arte	कला
Basquete	बास्केटबॉल
Beisebol	बेसबॉल
Boxe	मुक्केबाजी
Golfe	गोल्फ
Hobbies	शौक
Jardinagem	बागवानी
Mergulho	डाइविंग
Natação	तैराकी
Pesca	मछली पकड़ने
Pintura	चित्रकारी
Relaxante	आराम
Surfe	सर्फिंग
Tênis	टेनिस
Viagem	यात्रा
Voleibol	वॉलीबॉल

Aventura
साहसकि कार्य

Alegria	हर्ष
Amigos	दोस्तों
Atividade	गतविधि
Beleza	सुंदरता
Bravura	वीरता
Chance	मौका
Desafios	चुनौतयिों
Destino	गंतव्य
Dificuldade	कठनिाई
Entusiasmo	उत्साह
Excursão	भ्रमण
Incomum	असामान्य
Natureza	प्रकृत
Navegação	पथ प्रदर्शन
Novo	नया
Oportunidade	अवसर
Perigoso	खतरनाक
Preparação	तैयारी
Segurança	सुरक्षा
Viagens	यात्रा

Aviões
हवाई जहाज

Altura	ऊंचाई
Ar	वायु
Aterrissagem	अवतरण
Atmosfera	वायुमंडल
Aventura	साहसकि
Balão	गुब्बारा
Céu	आकाश
Combustível	ईंधन
Construção	नर्माण
Descida	वंश
Direção	दशा
Hidrogênio	हाइड्रोजन
História	इतहास
Motor	इंजन
Navegar	नेवगिट
Passageiro	यात्री
Piloto	पायलट
Tempo	मौसम
Tripulação	क्रू
Turbulência	अशांत

Água
पानी

Canal	नहर
Chuva	वर्षा
Chuveiro	बौछार
Evaporação	वाष्पीकरण
Furacão	तूफान
Geada	ठंढ
Gelo	बर्फ
Inundação	बाढ़
Irrigação	सचाई
Lago	झील
Monção	मानसून
Oceano	सागर
Ondas	लहरें
Rio	नदी
Umidade	नमी
Vapor	भाप

Balé
बैले

Aplauso	वाहवाही
Artístico	कलात्मक
Bailarina	बैले
Compositor	संगीतकार
Coreografia	नृत्यकला
Dançarinos	नर्तकयिों
Ensaio	रहिर्सल
Estilo	शैली
Expressivo	सूचक
Gesto	इशारा
Gracioso	सुंदर
Habilidade	कौशल
Intensidade	तीव्रता
Música	संगीत
Orquestra	ऑर्केस्ट्रा
Prática	अभ्यास
Público	दर्शक
Ritmo	ताल
Solo	एकल
Técnica	तकनीक

Banheiro
स्नानघर

Água	पानी
Banheiro	शौचालय
Banho	स्नान
Bolhas	बुलबुले
Chuveiro	बौछार
Espelho	दर्पण
Esponja	स्पंज
Loção	लोशन
Perfume	इत्र
Sabão	साबुन
Tapete	गलीचा
Tesoura	कैंची
Toalha	तौलयि
Torneira	नल
Vapor	भाप
Xampu	शैम्पू

Barcos
नौकाएँ

Âncora	लंगर
Bóia	बोया
Caiaque	कश्ती
Canoa	डोंगी
Corda	रस्सी
Doca	गोदी
Iate	नौका
Jangada	बेड़ा
Lago	झील
Mar	समुद्र
Maré	ज्वार
Marinheiro	नावकि
Mastro	मस्तूल
Motor	इंजन
Náutico	समुद्री
Oceano	सागर
Ondas	लहरें
Rio	नदी
Tripulação	क्रू
Veleiro	सेलबोट

Brinquedos
खलिौने

Argila	मट्टिी
Artesanato	शलि्प
Avião	वमिान
Barco	नाव
Bateria	ड्रम
Bicicleta	साइकलि
Bola	गेंद
Boneca	गुड़यिा
Caminhão	ट्रक
Carro	कार
Favorito	प्रयि
Imaginação	कल्पना
Jogos	खेल
Livros	पुस्तकें
Pipa	पतंग
Robô	रोबोट
Tintas	पेंट
Xadrez	शतरंज

Caminhada
लंबी पैदल यात्रा

Acampamento	डेरा डालना
Animais	जानवरों
Água	पानी
Botas	जूते
Cansado	थक गया
Clima	जलवायु
Guias	गाइड
Mapa	नक्शा
Montanha	पहाड़
Natureza	प्रकृति
Orientação	अभवन्यिास
Parques	पार्क
Pedras	पत्थर
Penhasco	चट्टान
Perigos	खतरों
Pesado	भारी
Preparação	तैयारी
Selvagem	जंगली
Sol	सूर्य
Tempo	मौसम

Campeonato
प्रतयिोगति

Campeão	चैंपयिन
Campeonato	चैम्पयिनशपि
Desempenho	प्रदर्शन
Equipe	टीम
Esportes	खेल
Estratégia	रणनीति
Finalista	फाइनल
Juiz	न्यायाधीश
Liga	लीग
Medalha	पदक
Motivação	प्रेरणा
Resistência	सहन
Torneio	टूर्नामेंट
Treinador	कोच
Vitória	वजिय

Casa
हाउस

Banheiro	स्नानघर
Biblioteca	पुस्तकालय
Cerca	बाड़
Chaves	कुंजी
Chuveiro	बौछार
Cortinas	पर्दे
Cozinha	रसोई
Espelho	दर्पण
Garagem	गैरेज
Janela	खड़िकी
Jardim	बगीचा
Lareira	चमिनी
Mobiliário	फर्नीचर
Parede	दीवार
Porta	दरवाजा
Quarto	कक्ष
Sótão	अटारी
Tapete	गलीचा
Torneira	नल
Vassoura	झाड़ू

Castelos
महल

Armadura	कवच
Catapulta	गुलेल
Cavaleiro	शूरवीर
Cavalo	घोड़ा
Coroa	ताज
Dinastia	राजवंश
Dragão	अजगर
Espada	तलवार
Feudal	सामंती
Fortaleza	कलि
Fosso	खाई
Império	साम्राज्य
Nobre	महान
Palácio	महल
Parede	दीवार
Princesa	राजकुमारी
Príncipe	राजकुमार
Torre	मीनार
Unicórnio	गेंडा

Chocolate
चॉकलेट

Açúcar	चीनी
Amargo	कड़वा
Amendoins	मूंगफली
Antioxidante	एंटीऑक्सीडेंट
Aroma	सुगंध
Artesanal	कुटीर
Cacau	कोको
Calorias	कैलोरी
Coco	नारयिल
Delicioso	स्वादष्टि
Doce	मठिाई
Exótico	वदिशी
Favorito	प्रयि
Gosto	स्वाद
Ingrediente	घटक
Pó	पाउडर
Qualidade	गुणवत्ता
Receita	वधिि

Churrascos
बारबेक्यू

Almoço	दोपहर का भोजन
Convite	निमंत्रण
Crianças	बच्चे
Facas	चाकू
Família	परविार
Fome	भूख
Frango	चकिन
Fruta	फल
Grelha	ग्रलि
Jantar	रात का खाना
Jogos	खेल
Legumes	सब्जयिां
Molho	चटनी
Música	संगीत
Pimenta	मर्चि
Quente	गरम
Sal	नमक
Saladas	सलाद
Tomates	टमाटर
Verão	गर्मी

Cidade
नगर

Aeroporto	हवाई अड्डा
Banco	बैंक
Biblioteca	पुस्तकालय
Cinema	सनिमा
Clínica	क्लनिकि
Escola	स्कूल
Estádio	स्टेडयिम
Farmácia	फार्मेसी
Florista	फूलवाला
Galeria	गैलरी
Hotel	होटल
Jardim Zoológico	चड़ियािघर
Mercado	बाजार
Museu	संग्रहालय
Padaria	बेकरी
Restaurante	भोजनालय
Salão	सैलून
Supermercado	सुपरमार्केट
Teatro	थएिटर
Universidade	वश्विवद्यालय

Ciência
वज्ञिान

Átomo	परमाणु
Cientista	वैज्ञानकि
Clima	जलवायु
Dados	डेटा
Evolução	वकिास
Fato	तथ्य
Física	भौतकि वज्ञिान
Fóssil	जीवाश्म
Gravidade	गुरुत्वाकर्षण
Hipótese	परकिल्पना
Laboratório	प्रयोगशाला
Método	तरीका
Minerais	खनजि
Moléculas	अणुओं
Natureza	प्रकृति
Observação	अवलोकन
Organismo	जीव
Partículas	कण
Plantas	पौधे
Químico	रासायनकि

Circo
सर्कस

Acrobata	नट
Animais	जानवरों
Balões	गुब्बारे
Bilhete	टकिट
Desfile	परेड
Doce	कैंडी
Elefante	हाथी
Espectador	दर्शक
Espetacular	शानदार
Leão	शेर
Macaco	बंदर
Magia	जादू
Malabarista	बाजीगर
Mágico	जादूगर
Música	संगीत
Palhaço	जोकर
Tenda	तंबू
Tigre	बाघ
Traje	पोशाक
Truque	छल

Clima
मौसम

Arco-Íris	इंद्रधनुष
Atmosfera	वायुमंडल
Calmo	शांत
Céu	आकाश
Clima	जलवायु
Furacão	तूफान
Gelo	बर्फ
Monção	मानसून
Nevoeiro	कोहरा
Nuvem	बादल
Polar	ध्रुवीय
Relâmpago	बजिली
Seco	सूखा
Temperatura	तापमान
Tempestade	आंधी
Tornado	बवंडर
Tropical	उष्णकटबिंधीय
Trovão	गरज
Úmido	नम
Vento	हवा

Comida # 2
खाना #2

Alcachofra	हाथी चक
Amêndoa	बादाम
Arroz	चावल
Banana	केला
Beringela	बैंगन
Brócolis	ब्रोकोली
Cereja	चेरी
Chocolate	चॉकलेट
Cogumelo	मशरूम
Frango	चकिन
Iogurte	दही
Kiwi	कीवी
Maçã	सेब
Ovo	अंडा
Peixe	मछली
Presunto	हैम
Queijo	पनीर
Tomate	टमाटर
Trigo	गेहूँ
Uva	अंगूर

Comida #1
खाना #1

Açúcar	चीनी
Alho	लहसुन
Amendoim	मूंगफली
Atum	टूना
Bolo	केक
Canela	दालचीनी
Cebola	प्याज
Cenoura	गाजर
Cevada	जौ
Damasco	खुबानी
Espinafre	पालक
Leite	दूध
Limão	नींबू
Manjericão	तुलसी
Morango	स्ट्रॉबेरी
Nabo	शलजम
Sal	नमक
Salada	सलाद
Sopa	सूप
Suco	रस

Corpo Humano
मानव शरीर

Boca	मुँह
Cabeça	सरि
Cérebro	दमिाग
Coração	दलि
Cotovelo	कोहनी
Dedo	उंगली
Joelho	घुटना
Mandíbula	जबड़ा
Mão	हाथ
Nariz	नाक
Olho	आंख
Ombro	कंधा
Orelha	कान
Pele	त्वचा
Perna	टांग
Pescoço	गर्दन
Queixo	ठोड़ी
Sangue	रक्त
Testa	माथा
Tornozelo	टखने

Cozinha
कचिन

Avental	एप्रन
Chaleira	केतली
Colheres	चम्मच
Concha	करछुल
Cups	कप
Especiarias	मसाले
Esponja	स्पंज
Facas	चाकू
Forno	ओवन
Freezer	फ्रीजर
Garfos	कांटे
Geladeira	फ्रजि
Grelha	ग्रलि
Guardanapo	नैपकनि
Jarro	जग
Pauzinhos	चीनी काँटा
Receita	वधिि
Tigela	कटोरा

Dança
नृत्य

Academia	अकादमी
Alegre	हर्षति
Arte	कला
Clássico	शास्त्रीय
Coreografia	नृत्यकला
Corpo	शरीर
Cultura	संस्कृत
Cultural	सांस्कृतकि
Emoção	भावना
Ensaio	रहिर्सल
Expressivo	सूचक
Graça	कृपा
Movimento	गत
Música	संगीत
Parceiro	साथी
Postura	आसन
Ritmo	ताल
Tradicional	परंपरागत
Visual	दृश्य

Dias e Meses
दनि और महीने

Abril	अप्रैल
Agosto	अगस्त
Ano	वर्ष
Calendário	कैलेंडर
Dezembro	दसिंबर
Domingo	रववािर
Fevereiro	फरवरी
Janeiro	जनवरी
Julho	जुलाई
Junho	जून
Mês	महीना
Novembro	नवंबर
Outubro	अक्टूबर
Quinta-Feira	गुरूवार
Sábado	शनविार
Segunda-Feira	सोमवार
Semana	सप्ताह
Setembro	सतिंबर
Sexta-Feira	शुक्रवार
Terça	मंगलवार

Dinossauros
डायनासोर

Asas	पंख
Carnívoro	मांसाहारी
Cauda	पूंछ
Desaparecimento	अंतर्धान
Espécies	प्रजातियां
Evolução	वकिास
Fósseis	जीवाश्म
Grande	बड़ा
Herbívoro	शाकाहारी
Mamute	वशिाल
Onívoro	सर्वभक्षी
Poderoso	शक्तशिाली
Presa	शकिार
Pré-Histórico	प्रागैतहिासकि
Raptor	रैप्टर
Réptil	सरीसृप
Tamanho	आकार
Terra	पृथ्वी
Vicioso	शातरि

Dirigindo
ड्राइवगि

Acidente	दुर्घटना
Carro	कार
Combustível	ईंधन
Cuidado	सावधानी
Estrada	सड़क
Freios	ब्रेक
Garagem	गैरेज
Gás	गैस
Licença	लाइसेंस
Mapa	नक्शा
Motocicleta	मोटरसाइकलि
Motor	मोटर
Pedestre	पैदल यात्री
Perigo	खतरा
Polícia	पुलसि
Rua	गली
Segurança	सुरक्षा
Transporte	परविहन
Tráfego	यातायात
Túnel	सुरंग

Disciplinas Científicas
वैज्ञानकि अनुशासन

Anatomia	शरीर रचना
Arqueologia	पुरातत्व
Astronomia	खगोल वज्ञिान
Biologia	जीववज्ञिान
Bioquímica	जीव रसायन
Cinesiologia	काइन्सयिोलॉजी
Ecologia	पारस्थितिकिी
Fisiologia	फजियिोलॉजी
Física	भौतकि वज्ञिान
Geologia	भूवज्ञिान
Imunologia	इम्यूनोलॉजी
Linguística	भाषावज्ञिान
Mecânica	यांत्रकिी
Meteorologia	मौसम वज्ञिान
Mineralogia	खनजि वद्यिा
Nutrição	पोषण
Psicologia	मनोवज्ञिान
Química	रसायन वज्ञिान
Sociologia	समाज शास्त्र
Termodinâmica	ऊष्मप्रवैगकिी

Ecologia
परस्थितिकिी

Clima	जलवायु
Comunidades	समुदाय
Diversidade	ववििधिता
Espécies	प्रजातयिां
Fauna	पशु
Global	वैश्वकि
Marinho	समुद्री
Montanhas	पहाड़ों
Natural	प्राकृतकि
Natureza	प्रकृत
Pântano	दलदल
Plantas	पौधे
Recursos	संसाधन
Seca	सूखा
Sobrevivência	उत्तरजीवति
Sustentável	टकिाऊ
Vegetação	वनस्पत
Voluntários	स्वयंसेवकों

Edifícios
इमारतें

Apartamento	अपार्टमेंट
Castelo	कलिा
Celeiro	खलहिान
Cinema	सनिमा
Embaixada	दूतावास
Escola	स्कूल
Estádio	स्टेडयिम
Fazenda	खेत
Fábrica	फैक्टरी
Garagem	गैरेज
Hospital	अस्पताल
Hotel	होटल
Laboratório	प्रयोगशाला
Museu	संग्रहालय
Observatório	वेधशाला
Supermercado	सुपरमार्केट
Teatro	थएिटर
Tenda	तंबू
Torre	मीनार
Universidade	वश्विवद्यालय

Emoções
भावनाएँ

Alegria	हर्ष
Amor	प्यार
Bem-Aventurança	परमानंद
Bondade	दयालुता
Calmo	शांत
Envergonhado	शर्मदिा
Grato	आभारी
Medo	डर
Paz	शांत
Raiva	क्रोध
Satisfeito	संतुष्ट
Simpatia	सहानुभूत
Ternura	कोमलता
Tédio	बोरयित
Tristeza	उदासी

Escalada
क्लाइम्बगि

Altitude	ऊंचाई
Atmosfera	वायुमंडल
Botas	जूते
Capacete	हेलमेट
Caverna	गुफा
Curiosidade	जज्ञिासा
Desafios	चुनौतयिों
Especialista	वशिषज्ञ
Estabilidade	स्थरिता
Estreito	संकीर्ण
Físico	शारीरकि
Força	ताकत
Guias	गाइड
Luvas	दस्ताने
Mapa	नक्शा
Terreno	भूभाग

Escola # 2
स्कूल #2

Acadêmico	शैक्षकि
Amigos	दोस्तों
Biblioteca	पुस्तकालय
Calendário	कैलेंडर
Ciência	वज्ञिान
Computador	संगणक
Dicionário	शब्दकोश
Educação	शक्षिा
Gramática	व्याकरण
Jogos	खेल
Lápis	पेंसलि
Leitura	पढ़ना
Literatura	साहत्यि
Livros	पुस्तकें
Matemática	गणति
Mochila	बैग
Papel	कागज
Professor	शक्षिक
Suprimentos	आपूर्ति
Tesoura	कैंची

Escola #1
स्कूल #1

Alfabeto	वर्णमाला
Almoço	दोपहर का भोजन
Amigos	दोस्तों
Biblioteca	पुस्तकालय
Cadeira	कुर्सी
Canetas	कलम
Exames	परीक्षा
Lápis	पेंसलि
Livros	पुस्तकें
Matemática	गणति
Mesa	डेस्क
Números	संख्याएँ
Papel	कागज
Pastas	फ़ोल्डर
Professor	शक्षिक
Questionário	प्रश्नोत्तरी
Respostas	जवाब

Especiarias
मसाले

Açafrão	केसर
Alcaçuz	नद्यपान
Alho	लहसुन
Amargo	कड़वा
Azedo	खट्टा
Baunilha	वनीला
Canela	दालचीनी
Cardamomo	इलायची
Caril	करी
Cebola	प्याज
Coentro	धनयिा
Cominho	जीरा
Cravo	लौंग
Doce	मठिाई
Funcho	सौंफ
Gengibre	अदरक
Noz-Moscada	जायफल
Pimenta	मर्चि
Sabor	स्वाद
Sal	नमक

Esportes
स्पोर्ट्स

Árbitro	रेफरी
Basquete	बास्केटबॉल
Beisebol	बेसबॉल
Bicicleta	साइकलि
Campeonato	चैम्पयिनशपि
Equipe	टीम
Estádio	स्टेडयिम
Ganhador	वजिता
Ginásio	व्यायामशाला
Ginástica	जमिनास्टकि
Golfe	गोल्फ
Hóquei	हॉकी
Jogador	खलिाड़ी
Jogo	खेल
Movimento	गति
Tênis	टेनसि
Treinador	कोच

Exploração
अन्वेषण

Animais	जानवरों
Atividade	गतविधि
Coragem	साहस
Culturas	संस्कृतयिों
Descoberta	खोज
Desconhecido	अनजान
Determinação	दृढ़ नश्चिय
Distante	दूर
Espaço	अंतरक्षि
Exaustão	थकावट
Excitação	उत्साह
Língua	भाषा
Novo	नया
Perigos	खतरों
Selvagem	जंगली
Terreno	भूभाग
Viagem	यात्रा

Família
परविार

Antepassado	पूर्वज
Avó	दादी
Criança	बच्चा
Crianças	बच्चे
Esposa	बीवी
Filha	बेटी
Infância	बचपन
Irmã	बहन
Irmão	भाई
Marido	पति
Materno	मातृ
Mãe	मां
Neto	पोता
Pai	पिता
Paterno	पैतृक
Primo	चचेरा भाई
Sobrinha	भतीजी
Sobrinho	भतीजा
Tia	चाची
Tio	चाचा

Fazenda #1
फार्म #1

Abelha	मधुमक्खी
Agricultura	कृषि
Arroz	चावल
Água	पानी
Bezerro	बछड़ा
Burro	गधा
Cabra	बकरी
Campo	खेत
Cavalo	घोड़ा
Cão	कुत्ता
Cerca	बाड़
Corvo	कौआ
Feno	घास
Fertilizante	उर्वरक
Frango	चकिन
Gato	बलि्ली
Mel	शहद
Porco	सूअर
Rebanho	झुंड
Vaca	गाय

Fazenda #2
फार्म #2

Agricultor	कसिान
Animais	जानवरों
Celeiro	खलहिान
Cevada	जौ
Cordeiro	मेमना
Fruta	फल
Irrigação	सचिाई
Leite	दूध
Lhama	लामा
Maduro	पका हुआ
Milho	मकई
Ovelha	भेड़
Pastor	चरवाहा
Pato	बतख
Pomar	फलोद्यान
Prado	घास का मैदान
Trator	ट्रैक्टर
Trigo	गेहूँ
Vegetal	सब्जी

Ferramentas
टूल्स

Alicate	सरौता
Cabo	केबल
Cola	गोंद
Corda	रस्सी
Escada	सीढ़ी
Faca	चाकू
Grampeador	व्यवसायी
Machado	कुल्हाड़ी
Martelo	हथौड़ा
Navalha	उस्तरा
Parafuso	पेंच
Pá	फावड़ा
Roda	पहयिा
Tesoura	कैंची
Tocha	मशाल

Ferramentas de Cozinha
खाना पकाने के उपकरण

Chaleira	केतली
Coador	कोलंडर
Colher	चम्मच
Espátula	रंग
Espremedor	जूसर
Faca	चाकू
Fogão	स्टोव
Forno	ओवन
Garfo	कांटा
Geladeira	फ्रजि
Ralador	पसिाई यंत्र
Talheres	कटलरी
Tampa	ढक्कन
Termômetro	थर्मामीटर
Tesoura	कैंची
Torradeira	टोस्टर

Férias #2
अवकाश #2

Aeroporto	हवाई अड्डा
Destino	गंतव्य
Estrangeiro	वदिशी
Feriado	छुट्टी
Fotos	तस्वीरें
Hotel	होटल
Ilha	द्वीप
Lazer	अवकाश
Mapa	नक्शा
Mar	समुद्र
Montanhas	पहाड़ों
Passaporte	पासपोर्ट
Praia	समुद्र तट
Reservas	आरक्षण
Restaurante	भोजनालय
Táxi	टैक्सी
Tenda	तंबू
Transporte	परविहन
Viagem	यात्रा
Visto	वीजा

Ficção Científica
कल्पति वज्ञिान

Atómico	परमाणु
Cinema	सनिमा
Distante	दूर
Distopia	डायस्टोपयिा
Explosão	वस्फिोट
Extremo	चरम
Fantástico	शानदार
Fogo	आग
Futurista	फ्यूचरस्टिकि
Galáxia	आकाशगंगा
Ilusão	भ्रम
Imaginário	काल्पनकि
Livros	पुस्तकें
Misterioso	रहस्यमय
Mundo	दुनयिा
Oráculo	आकाशवाणी
Planeta	ग्रह
Robôs	रोबोट
Tecnologia	प्रौद्योगकिी
Utopia	आदर्शलोक

Flores
फूल

Buquê	गुलदस्ता
Dente-De-Leão	डन्डेलिअन
Gardênia	गार्डेनिया
Girassol	सूरजमुखी
Hibisco	हिबिस्कुस
Jasmim	चमेली
Lavanda	लैवेंडर
Lírio	लिली
Magnólia	मैगनोलिया
Margarida	डेज़ी
Orquídea	आर्किड
Papoula	पोस्ता
Peônia	चपरासी
Pétala	पत्ती
Plumeria	प्लूमेरिया
Rosa	गुलाब
Trevo	आनन्द
Tulipa	ट्यूलिप

Floresta Tropical
वर्षावन

Anfíbios	उभयचर
Botânico	वानस्पतिक
Clima	जलवायु
Comunidade	समुदाय
Diversidade	विविधता
Espécies	प्रजातियां
Indígena	स्वदेशी
Insetos	कीड़े
Mamíferos	स्तनधारी
Musgo	काई
Natureza	प्रकृति
Nuvens	बादल
Pássaros	पक्षी
Preservação	संरक्षण
Refúgio	शरण
Respeito	आदर
Restauração	बहाली
Selva	जंगल
Sobrevivência	उत्तरजीविता
Valioso	मूल्यवान

Formas
आकृतियाँ

Arco	चाप
Canto	कोने
Cilindro	सिलिंडर
Círculo	वृत्त
Cone	शंकु
Cubo	घन
Curva	वक्र
Elipse	दीर्घवृत्त
Lado	पक्ष
Linha	रेखा
Oval	अंडाकार
Pirâmide	पिरामिड
Polígono	बहुभुज
Prisma	प्रिज्म
Quadrado	वर्ग
Retângulo	आयत
Triângulo	त्रिकोण

Frutas
फ्रूट

Abacate	एवोकाडो
Abacaxi	अनन्नास
Amora	ब्लैकबेरी
Baga	बेरी
Banana	केला
Cereja	चेरी
Coco	नारियल
Damasco	खुबानी
Figo	अंजीर
Framboesa	रसभरी
Kiwi	कीवी
Laranja	नारंगी
Limão	नींबू
Maçã	सेब
Mamão	पपीता
Manga	आम
Nectarina	शफ़तालू
Pera	नाशपाती
Pêssego	आड़ू
Uva	अंगूर

Geografia
भूगोल

Altitude	ऊंचाई
Atlas	एटलस
Cidade	शहर
Continente	महाद्वीप
Hemisfério	गोलार्ध
Ilha	द्वीप
Latitude	अक्षांश
Longitude	देशान्तर
Mapa	नक्शा
Mar	समुद्र
Meridiano	मध्याह्न
Montanha	पहाड़
Mundo	दुनिया
Norte	उत्तर
Oceano	सागर
Oeste	पश्चिम
País	देश
Rio	नदी
Sul	दक्षिण
Território	क्षेत्र

Geologia
भूविज्ञान

Ácido	एसिड
Camada	परत
Caverna	गुफा
Cálcio	कैल्शियम
Ciclos	चक्र
Continente	महाद्वीप
Coral	मूंगा
Cristais	क्रिस्टल
Erosão	कटाव
Estalactite	स्टैलेक्टाइट
Fóssil	जीवाश्म
Lava	लावा
Minerais	खनिज
Pedra	पत्थर
Platô	पठार
Quartzo	क्वार्ट्ज
Sal	नमक
Terremoto	भूकंप
Vulcão	ज्वालामुखी
Zona	क्षेत्र

Herbalismo
हर्बलज़िम

Açafrão	केसर
Alecrim	दौनी
Alho	लहसुन
Aromático	खुशबूदार
Benéfico	लाभकारी
Coentro	धनिया
Estragão	तारगोन
Flor	फूल
Funcho	सौंफ
Ingrediente	घटक
Jardim	बगीचा
Lavanda	लैवेंडर
Manjericão	तुलसी
Manjerona	कुठरा
Planta	पौधा
Qualidade	गुणवत्ता
Sabor	स्वाद
Salsa	अजमोद
Tomilho	अजवायन
Verde	हरा

Insetos
कीड़े

Abelha	मधुमक्खी
Barata	तिलचट्टा
Besouro	भृंग
Borboleta	तितली
Cigarra	सिकाडा
Cupim	दीमक
Formiga	चींटी
Gafanhoto	टिड्डी
Joaninha	भिंडी
Larva	लार्वा
Libélula	ड्रैगनफ्लाई
Mariposa	कीट
Minhoca	कीड़ा
Mosquito	मच्छर
Pulga	पिस्सू
Pulgão	एफिड
Vespa	ततैया

Instrumentos Musicais
संगीत वाद्ययंत्र

Bandolim	मैंडोलिन
Banjo	बैंजो
Clarinete	शहनाई
Fagote	बासून
Flauta	बांसुरी
Gongo	घंटा
Harpa	वीणा
Pandeiro	डफ
Percussão	टक्कर
Piano	पियानो
Saxofone	सैक्सोफोन
Tambor	ढोल
Trombone	तुरही
Violão	गिटार
Violino	वायलिन
Violoncelo	वायलनचेलो

Jardim
बगीचा

Ancinho	रेक
Arbusto	बुश
Árvore	पेड़
Banco	बेंच
Cerca	बाड़
Ervas Daninhas	मातम
Flor	फूल
Garagem	गैरेज
Grama	घास
Gramado	लॉन
Jardim	बगीचा
Lagoa	तालाब
Maca	झूला
Mangueira	नली
Pá	फावड़ा
Pomar	फलोद्यान
Terraço	छत
Trampolim	ट्रेम्पोलिन
Varanda	बरामदा
Videira	बेल

Literatura
साहित्य

Analogia	समानता
Análise	विश्लेषण
Anedota	किस्सा
Autor	लेखक
Biografia	जीवनी
Comparação	तुलना
Conclusão	निष्कर्ष
Descrição	विवरण
Diálogo	संवाद
Estilo	शैली
Ficção	कथा
Metáfora	रूपक
Narrador	कथावाचक
Opinião	राय
Poema	कविता
Rima	तुक
Ritmo	ताल
Romance	उपन्यास
Tema	विषय
Tragédia	त्रासदी

Livros
पुस्तकें

Autor	लेखक
Aventura	साहसिक
Coleção	संग्रह
Contexto	संदर्भ
Dualidade	द्वंद्व
Escrito	लिखित
Épico	महाकाव्य
História	कहानी
Histórico	ऐतिहासिक
Inventivo	आविष्कारशील
Leitor	पाठक
Literário	साहित्यिक
Narrador	कथावाचक
Página	पृष्ठ
Personagem	चरित्र
Poema	कविता
Relevante	प्रासंगिक
Romance	उपन्यास
Série	शृंखला
Trágico	दुखद

Mamíferos
स्तनधारी

Baleia	व्हेल
Camelo	ऊँट
Canguru	कंगारू
Castor	ऊदबलिाव
Cavalo	घोड़ा
Cão	कुत्ता
Coelho	खरगोश
Coiote	कोयोट
Elefante	हाथी
Gato	बलि्ली
Girafa	जरिाफ़
Golfinho	डॉल्फनि
Gorila	गोरल्लिा
Leão	शेर
Lobo	भेड़यि
Macaco	बंदर
Ovelha	भेड़
Raposa	लोमड़ी
Touro	बुल
Zebra	ज़ेबरा

Matemática
गणति

Aritmética	अंकगणति
Ângulos	कोण
Circunferência	परधिि
Decimal	दशमलव
Diâmetro	व्यास
Equação	समीकरण
Expoente	प्रतपिादक
Fração	अंश
Geometria	ज्यामति
Números	संख्याएँ
Paralelo	समानांतर
Perpendicular	सीधा
Polígono	बहुभुज
Quadrado	वर्ग
Raio	त्रज्यिा
Retângulo	आयत
Simetria	समरूपता
Soma	योग
Triângulo	त्रकिोण
Volume	आयतन

Material de Arte
कला की आपूर्ति

Acrílico	एक्रलिकि
Apagador	रबड़
Aquarelas	जल रंग
Argila	मट्टिी
Água	पानी
Cadeira	कुर्सी
Cavalete	चत्रिफलक
Câmera	कैमरा
Cola	गोंद
Cores	रंग
Criatividade	रचनात्मकता
Escovas	ब्रश
Lápis	पेंसलि
Mesa	टेबल
Óleo	तेल
Papel	कागज
Pastels	पेस्टल
Tinta	स्याही
Tintas	पेंट

Medições
मापन

Altura	ऊंचाई
Byte	बाइट
Centímetro	सेंटीमीटर
Comprimento	लंबाई
Decimal	दशमलव
Grama	ग्राम
Grau	डग्रिी
Largura	चौड़ाई
Litro	लीटर
Massa	मास
Metro	मीटर
Minuto	मनिट
Onça	औंस
Peso	वजन
Polegada	इंच
Profundidade	गहराई
Quilograma	कलिोग्राम
Quilômetro	कलिोमीटर
Tonelada	टन
Volume	आयतन

Meditação
ध्यान

Aceitação	स्वीकृति
Acordado	जाग
Atenção	ध्यान
Bondade	दयालुता
Clareza	स्पष्टता
Compaixão	दया
Emoções	भावनाएँ
Gratidão	कृतज्ञता
Hábitos	आदतें
Mental	मानसकि
Mente	मन
Movimento	गति
Música	संगीत
Natureza	प्रकृति
Observação	अवलोकन
Paz	शांति
Pensamentos	वचिार
Perspectiva	परप्रि्रेक्ष्य
Postura	आसन
Silêncio	मौन

Mitologia
पौराणकि कथाएं

Arquétipo	मूलरूप आदर्श
Ciúmes	ईर्ष्या
Comportamento	व्यवहार
Criação	सृजन
Criatura	जंतु
Cultura	संस्कृति
Desastre	आपदा
Força	ताकत
Guerreiro	योद्धा
Heroína	नायकिा
Herói	नायक
Imortalidade	अमरता
Labirinto	भूलभुलैया
Lenda	दंतकथा
Mágico	जादुई
Monstro	राक्षस
Mortal	नश्वर
Relâmpago	बजिली
Trovão	गरज
Vingança	बदला

Móveis
फर्नीचर

Almofada	तकिया
Almofadas	कुशन
Banco	बेंच
Cadeira	कुर्सी
Cama	बिस्तर
Colchão	गद्दा
Cortinas	पर्दे
Cômoda	ड्रेसर
Espelho	दर्पण
Futon	फुटन
Maca	झूला
Mesa	डेस्क
Prateleiras	अलमारियाँ
Sofá	सोफा
Tapete	गलीचा

Natureza
प्रकृति

Abelhas	मधुमक्खियाँ
Abrigo	आश्रय
Animais	जानवरों
Ártico	आर्कटिक
Beleza	सुंदरता
Deserto	रेगिस्तान
Dinâmico	गतिशील
Erosão	कटाव
Floresta	वन
Folhagem	पत्ते
Geleira	ग्लेशियर
Nevoeiro	कोहरा
Nuvens	बादल
Pacífico	शांतपूर्ण
Rio	नदी
Santuário	अभयारण्य
Selvagem	जंगली
Sereno	निर्मल
Tropical	उष्णकटिबंधीय
Vital	महत्वपूर्ण

Nutrição
पोषाहार

Amargo	कड़वा
Apetite	भूख
Calorias	कैलोरी
Comestível	खाद्य
Dieta	आहार
Digestão	पाचन
Equilibrado	संतुलित
Fermentação	किण्वन
Ingredientes	सामग्री
Líquidos	तरल पदार्थ
Molho	चटनी
Nutriente	पुष्टिकर
Peso	वजन
Proteínas	प्रोटीन
Qualidade	गुणवत्ता
Sabor	स्वाद
Saudável	स्वस्थ
Saúde	स्वास्थ्य
Toxina	विष
Vitamina	विटामिन

Números
संख्याएँ

Cinco	पांच
Decimal	दशमलव
Dez	दस
Dezesseis	सोलह
Dezessete	सत्रह
Dezoito	अठारह
Dois	दो
Doze	बारह
Nove	नौ
Oito	आठ
Quatorze	चौदह
Quatro	चार
Quinze	पंद्रह
Seis	छह
Sete	सात
Treze	तेरह
Três	तीन
Um	एक
Vinte	बीस
Zero	शून्य

Oceano
सागर

Alga	शैवाल
Atum	टूना
Baleia	व्हेल
Barco	नाव
Camarão	झींगा
Caranguejo	केकड़ा
Coral	मूंगा
Esponja	स्पंज
Golfinho	डॉल्फिन
Marés	ज्वार
Medusa	जेलफ़िश
Ondas	लहरें
Ostra	सीप
Peixe	मछली
Polvo	ऑक्टोपस
Recife	चट्टान
Sal	नमक
Tartaruga	कछुआ
Tempestade	आंधी
Tubarão	शार्क

Outono
पतझड़

Bolota	बलूत का फल
Castanhas	गोलियां
Clima	जलवायु
Equinócio	विषुव
Festival	त्यौहार
Geada	ठंढ
Incêndios	आग
Maçãs	सेब
Meses	महीने
Migração	प्रवास
Natureza	प्रकृति
Pomar	फलोद्यान
Roupa	कपड़े
Sazonal	मौसमी
Tempo	मौसम

Paisagens
लैंडस्केप

Cascata	झरना
Caverna	गुफा
Colina	पहाड़ी
Deserto	रेगिस्तान
Geleira	ग्लेशियर
Golfo	खाड़ी
Iceberg	हिमखंड
Ilha	द्वीप
Lago	झील
Mar	समुद्र
Montanha	पहाड़
Oásis	मरूद्यान
Oceano	सागर
Pântano	दलदल
Península	प्रायद्वीप
Praia	समुद्र तट
Rio	नदी
Tundra	टुंड्रा
Vale	घाटी
Vulcão	ज्वालामुखी

Países #2
देशों #2

Albânia	अल्बानिया
Dinamarca	डेनमार्क
França	फ्रांस
Grécia	यूनान
Haiti	हैती
Indonésia	इंडोनेशिया
Irlanda	आयरलैंड
Jamaica	जमैका
Japão	जापान
Laos	लाओस
Líbano	लेबनान
México	मेक्सिको
Nepal	नेपाल
Nigéria	नाइजीरिया
Paquistão	पाकिस्तान
Rússia	रूस
Síria	सीरिया
Somália	सोमालिया
Ucrânia	यूक्रेन
Uganda	युगांडा

Pássaros
पक्षियों

Avestruz	शुतुरमुर्ग
Águia	ईगल
Cegonha	सारस
Cisne	हंस
Corvo	कौआ
Cuco	कोयल
Falcão	बाज़
Flamingo	राजहंस
Frango	चकिन
Gaivota	मूर्ख मनुष्य
Garça	बगुला
Ovo	अंडा
Papagaio	तोता
Pardal	गौरैया
Pato	बतख
Pavão	मोर
Pelicano	हवासील
Pinguim	पेंगुइन
Pombo	कबूतर
Tucano	टूकेन

Pesca
फशिगि

Água	पानी
Barbatanas	पंख
Barco	नाव
Brânquias	गल्सि
Cesta	टोकरी
Cozinhar	रसोइया
Equipamento	उपकरण
Exagero	अतशियोक्ति
Fio	तार
Gancho	हुक
Isca	चारा
Lago	झील
Mandíbula	जबड़ा
Oceano	सागर
Paciência	धैर्य
Peso	वजन
Praia	समुद्र तट
Rio	नदी
Temporada	ऋतु

Piratas
समुद्री लुटेरे

Aventura	साहसकि
Âncora	लंगर
Bússola	दक्सिूचक
Capitão	कप्तान
Caverna	गुफा
Cicatriz	नशिान
Espada	तलवार
Ilha	द्वीप
Lenda	दंतकथा
Mapa	नक्शा
Mau	बुरा
Moedas	सक्कि
Oceano	सागर
Ouro	सोना
Papagaio	तोता
Perigo	खतरा
Praia	समुद्र तट
Rum	रम
Tesouro	खजाना
Tripulação	क्रू

Plantas
पौधे

Arbusto	बुश
Árvore	पेड़
Baga	बेरी
Bambu	बांस
Cacto	कैक्टस
Erva	जड़ी बूटी
Feijão	सेम
Fertilizante	उर्वरक
Flor	फूल
Floresta	वन
Folha	पत्ता
Folhagem	पत्ते
Grama	घास
Hera	आइवी
Jardim	बगीचा
Musgo	काई
Pétala	पत्ती
Raiz	जड़
Sol	सूर्य
Vegetação	वनस्पति

Praia
समुद्र तट

Areia	रेत
Azul	नीला
Barco	नाव
Caranguejo	केकड़ा
Costa	तट
Doca	गोदी
Guarda-Chuva	छाता
Ilha	द्वीप
Lagoa	लैगून
Mar	समुद्र
Oceano	सागर
Recife	चट्टान
Sandálias	सैंडल
Sol	सूर्य
Toalha	तौलिया
Veleiro	सेलबोट

Preencher
भरने के लिए

Bacia	घाटी
Balde	बाल्टी
Bandeja	ट्रे
Barril	बैरल
Bolso	जेब
Caixa	बॉक्स
Cesta	टोकरी
Envelope	लिफाफा
Garrafa	बोतल
Gaveta	दराज
Mala	सूटकेस
Pacote	पैकेट
Pasta	फ़ोल्डर
Saco	थैला
Tubo	ट्यूब
Vaso	फूलदान

Profissões #1
व्यवसाय #1

Advogado	वकील
Artista	कलाकार
Astrônomo	खगोल वज्ञिानी
Banqueiro	बैंकर
Bombeiro	फायर फाइटर
Caçador	शकिारी
Cartógrafo	मानचत्रिकार
Cientista	वैज्ञानकि
Dançarino	नर्तकी
Editor	संपादक
Embaixador	राजदूत
Encanador	नलसाज़
Enfermeira	नर्स
Geólogo	भूवज्ञिानी
Joalheiro	जौहरी
Marinheiro	नावकि
Músico	संगीतकार
Pianista	पयिानोवादक
Psicólogo	मनोवैज्ञानकि
Veterinário	पशु चकित्सिक

Profissões #2
व्यवसाय #2

Agricultor	कसिान
Bibliotecário	लाइब्रेरयिन
Biólogo	जीवबज्ञिानी
Cirurgião	सर्जन
Dentista	दंत चकित्सिक
Detetive	जासूस
Engenheiro	इंजीनयिर
Filósofo	दार्शनकि
Fotógrafo	फोटोग्राफर
Ilustrador	इलस्ट्रेटर
Inventor	आवष्किारक
Investigador	शोधकर्ता
Jardineiro	माली
Jornalista	पत्रकार
Linguista	बहुभाषी
Médico	चकित्सिक
Piloto	पायलट
Pintor	चत्रिकार
Professor	शक्षिक
Zoólogo	जूलॉजस्टि

Restaurante # 2
रेस्टोरेंट #2

Almoço	दोपहर का भोजन
Aperitivo	क्षुधावर्धक
Água	पानी
Bebida	पेय
Bolo	केक
Cadeira	कुर्सी
Colher	चम्मच
Delicioso	स्वादष्टि
Especiarias	मसाले
Fruta	फल
Garçom	वेटर
Garfo	कांटा
Gelo	बर्फ
Jantar	रात का खाना
Legumes	सब्जयिां
Macarrão	नूडल्स
Peixe	मछली
Sal	नमक
Salada	सलाद
Sopa	सूप

Restaurante #1
रेस्टोरेंट #1

Alergia	एलर्जी
Café	कॉफ़ी
Caixa	खजांची
Carne	मांस
Cozinha	रसोई
Faca	चाकू
Frango	चकिन
Garçonete	वेट्रेस
Guardanapo	नैपकनि
Ingredientes	सामग्री
Menu	मेन्यू
Molho	चटनी
Pão	रोटी
Picante	मसालेदार
Placa	प्लेट
Reserva	आरक्षण
Sobremesa	मठिाई
Tigela	कटोरा

Roupas
कपड़े

Avental	एप्रन
Blusa	ब्लाउज
Calça	पैंट
Camisa	कमीज
Casaco	कोट
Chapéu	टोपी
Cinto	बेल्ट
Colar	हार
Jaqueta	जैकेट
Jeans	जीन्स
Luvas	दस्ताने
Meias	मोजे
Moda	फैशन
Pijama	पाजामा
Pulseira	कंगन
Saia	स्कर्ट
Sandálias	सैंडल
Sapato	जूता
Suéter	स्वेटर
Vestido	पोशाक

Surf
सर्फ़िंग

Atleta	खिलाड़ी
Campeão	चैंपियन
Espuma	फोम
Estilo	शैली
Estômago	पेट
Extremo	चरम
Força	ताकत
Multidões	भीड़
Oceano	सागर
Onda	लहर
Popular	लोकप्रिय
Praia	समुद्र तट
Principiante	शुरुआत
Rapidez	गति
Recife	चट्टान
Tempo	मौसम

Tecnologia
प्रौद्योगिकी

Arquivo	फ़ाइल
Blog	ब्लॉग
Bytes	बाइट्स
Câmera	कैमरा
Computador	संगणक
Cursor	कर्सर
Dados	डेटा
Digital	डिजिटल
Estatísticas	सांख्यिकी
Fonte	फ़ॉन्ट
Internet	इंटरनेट
Mensagem	संदेश
Navegador	ब्राउज़र
Pesquisa	अनुसंधान
Segurança	सुरक्षा
Software	सॉफ्टवेयर
Tela	स्क्रीन
Virtual	आभासी
Vírus	वाइरस

Tempo
टाइम

Agora	अब
Ano	वर्ष
Antes	इससे पहले
Anual	वार्षिक
Calendário	कैलेंडर
Década	दशक
Dia	दिन
Futuro	भविष्य
Hoje	आज
Hora	घंटा
Manhã	सुबह
Meio-Dia	दोपहर
Mês	महीना
Minuto	मिनट
Momento	पल
Noite	रात
Ontem	कल
Relógio	घड़ी
Semana	सप्ताह
Século	सदी

Tipos de Cabelo
बालों के प्रकार

Branco	सफेद
Brilhante	चमकदार
Cachos	कर्ल
Careca	गंजा
Cinza	धूसर
Colori	रंगीन
Curto	कम
Encaracolado	घुंघराले
Fino	पतला
Grosso	मोटा
Loiro	गोरा
Longo	लंबा
Marrom	भूरा
Ondulado	लहराती
Prata	चाँदी
Preto	काला
Saudável	स्वस्थ
Seco	सूखा
Suave	नरम
Trançado	लट

Vegetais
सब्जियां

Abóbora	कद्दू
Aipo	अजवाइन
Alcachofra	हाथी चक
Alho	लहसुन
Batata	आलू
Beringela	बैंगन
Brócolis	ब्रोकोली
Cebola	प्याज
Cenoura	गाजर
Cogumelo	मशरूम
Couve-Flor	फूलगोभी
Ervilha	मटर
Espinafre	पालक
Gengibre	अदरक
Nabo	शलजम
Pepino	खीरा
Rabanete	मूली
Salada	सलाद
Salsa	अजमोद
Tomate	टमाटर

Veículos
वाहन

Ambulância	रोगी वाहन
Avião	वमिान
Balsa	नौका
Barco	नाव
Bicicleta	साइकलि
Caminhão	ट्रक
Caravana	कारवां
Carro	कार
Foguete	रॉकेट
Helicóptero	हेलीकॉप्टर
Jangada	बेड़ा
Lambreta	स्कूटर
Metrô	भूमगित मार्ग
Motor	मोटर
Ônibus	बस
Pneus	टायर
Submarino	पनडुब्बी
Táxi	टैक्सी
Transporte	शटल
Trator	ट्रैक्टर

Verão
ग्रीष्म ऋतु

Acampamento	डेरा डालना
Alegria	हर्ष
Amigos	दोस्तों
Casa	घर
Estrelas	सतिारे
Família	परविार
Jardim	बगीचा
Jogos	खेल
Lazer	अवकाश
Livros	पुस्तकें
Mar	समुद्र
Mergulho	डाइवगि
Música	संगीत
Praia	समुद्र तट
Relaxamento	वश्रिाम
Sandálias	सैंडल
Viagem	यात्रा

Virtudes #1
गुण #1

Apaixonado	भावुक
Artístico	कलात्मक
Bom	अच्छा
Confiante	वश्विास
Curioso	जजि्ञासु
Decisivo	नर्णिायक
Eficiente	कुशल
Encantador	आकर्षक
Generoso	उदार
Imaginativo	कल्पनाशील
Independente	स्वतंत्र
Inteligente	बुद्धमिान
Limpo	स्वच्छ
Modesto	मामूली
Paciente	रोगी
Prático	व्यावहारकि
Sábio	ढंग
Útil	उपयोगी

Xadrez
शतरंज

Branco	सफेद
Campeão	चैंपयिन
Concurso	प्रतयिोगता
Desafios	चुनौतयिों
Diagonal	वकिर्ण
Estratégia	रणनीत
Jogador	खलिाड़ी
Jogo	खेल
Oponente	वरिोधी
Passivo	नष्क्रयि
Pontos	अंक
Preto	काला
Rainha	रानी
Regras	नयिम
Rei	राजा
Sacrifício	बलदिान
Tempo	समय
Torneio	टूर्नामेंट

Parabéns

Conseguiu!

Esperamos que tenha gostado tanto deste livro como nós gostamos de o desenhar. Esforçamo-nos por criar livros da mais alta qualidade possível.
Esta edição foi concebida para proporcionar uma aprendizagem inteligente, de qualidade e divertida!

Gostou deste livro?

Um simples pedido

Estes livros existem graças às críticas que publica.
Pode ajudar-nos, deixando agora uma revisão?

Aqui está um pequeno link para
a sua página de revisão:

BestBooksActivity.com/Avaliacoes50

DESAFIO FINAL!

Desafio n° 1

Está pronto para o seu jogo grátis? Usamo-los a toda a hora, mas não são tão fáceis de encontrar - aqui estão os **Sinônimos!**

Escreva 5 palavras que encontrou nos puzzles (n° 21, n° 36, n° 76) e tente encontrar 2 sinónimos para cada palavra.

Escreva 5 palavras de **Puzzle 21**

Palavras	Sinônimo 1	Sinônimo 2

Escreva 5 palavras de **Puzzle 36**

Palavras	Sinônimo 1	Sinônimo 2

Escreva 5 palavras de **Puzzle 76**

Palavras	Sinônimo 1	Sinônimo 2

Desafio n° 2

Agora que já aqueceu, escreva 5 palavras que encontrou nos Puzzles (n° 9, n° 17 e n° 25) e tente encontrar 2 antônimos para cada palavra. Quantos se podem encontrar em 20 minutos?

Escreva 5 palavras de **Puzzle 9**

Palavras	Antônimo 1	Antônimo 2

Escreva 5 palavras de **Puzzle 17**

Palavras	Antônimo 1	Antônimo 2

Escreva 5 palavras de **Puzzle 25**

Palavras	Antônimo 1	Antônimo 2

Desafio n° 3

Óptimo! Este desafio final não é nada para si.

Pronto para o desafio final? Escolha 10 palavras que tenha descoberto nos diferentes puzzles e escreva-as abaixo.

1.	6.
2.	7.
3.	8.
4.	9.
5.	10.

Agora escreva um texto a pensar numa pessoa, num animal ou num lugar de seu agrado.

Pode utilizar a última página deste livro como um rascunho.

A Sua Composição:

CADERNO DE NOTAS:

ATÉ BREVE!

A equipa Inteira

DESCUBRA JOGOS GRATUITOS

GO

BESTACTIVITYBOOKS.COM/FREEGAMES